suncolor

suncolor

解開傷痛的20個超凡智慧

How Suffering Transforms Us

你以為的谷底
才是人生真正的開始

史蒂芬・萊德／著
Steve Leder
林資香／譯

本書讚譽

「我推薦這本力量強大的書，作者是我親愛的朋友史蒂芬・萊德拉比。本書沒有艱澀的理論，而是他這許多年下來幫助人們的親身經驗，全都是禁得起時間檢驗的智慧。這是一本如此美麗的小書，所有珍貴的發聲全是來自實際又懷抱希望的療癒者。我愛史蒂芬・萊德，也愛他的會眾，更喜歡讀這本書！但別只是自己讀它，也為你的朋友帶一本吧。」

——華理克牧師（Pastor Rick Warren），《紐約時報》暢銷書《標竿人生》（*The Purpose Driven Life*）作者

「史蒂芬・萊德是個與眾不同的人，擁有一顆充滿恩典的心以及一個由愛生成的靈魂。在這本書中，他不只教導我們如何從遭受的苦難中走出來，也要從苦難中成長茁壯。」

——泰維斯・史邁利（Tavis Smiley）

美國公共電視網脫口秀主持人及《紐約時報》暢銷書

《美國黑人聖約》（*The Covenant with Black America*）作者

「史蒂芬・萊德寫了一本振奮人心、充滿希望的作品，談的是最艱難的主題——我們如何藉由生命中最艱難的試煉來改變自己。他的故事與洞見深刻又真實，這是一本極為重要且充滿人性的好書。」

——萊斯・孟維斯（Les Moonves）

哥倫比亞廣播公司執行長

獻給貝琪、亞倫及漢娜，
他們是我的家人，也是我的生命

目次

CONTENTS

療癒

• 當我變脆弱時，請多愛我一點

• 禱告的真諦，不在祈求

• 把傷痛保留在回憶之屋

• 你經受的每次傷痛，都有意義

• 一切具足，每個生命都是奇蹟

• 苦難，是孕育祝福的沃土

沒有什麼能比真心誠意的道歉更有力量，更有療癒人心的作用。我真的很抱歉，如此簡單的一句話，就能釋放被憤怒囚禁的心，為所有受苦的人照亮通往療癒的道路。

• 就像愛，大自然也能療癒你

• 寬恕他人，才能放過自己

成長

•自我療癒前，勇敢說我錯了
•你並不特別，放低你的姿態
•幸與不幸，別小瞧話語的力量
•人生苦短，人生也很漫長

不論是病痛或死亡，都不能徹底擊垮我們，在我們這一生中，必定會不斷失去，但一路上也會不斷拾取。盡量去笑去愛，只有你過得好，你所愛的人、你自己的人生才能得到祝福。

•在荊棘中，結出祝福的果實
•死亡教會我的事
•日子過得太舒服，就無法更強大
•想一想，你有多重要

解開傷痛的
20個超凡智慧

【前言】在苦難中得見光明

每個生命都有裂縫

——愛默生（Ralph Waldo Emerson）

每個人遲早都要遭受痛苦：被傷害的痛苦、傷害他人的痛苦、罹患癌症的痛苦、埋葬摯愛的痛苦、離婚的痛苦、孩子惹上麻煩的痛苦，還有阿茲海默症、成癮、壓力及老化的痛苦，以及清楚每一年都可能成為我們生命中最後一年的痛苦。所有人都會經受痛苦，沒有人能倖免，重要的是，當我們走出痛苦時不該空手，不該白白承受這些人生苦難。

如果能將所承受的痛苦轉化為更真實、更有意義的生命，我們的痛苦就能產生深刻且巨大的力量。傷痛是偉大的導師，但這些教訓得來不易。因為配偶外遇而受苦的人告訴我，不忠的婚姻經歷，為他們帶來了重新開始的愛情與婚姻，比以往更美好、更真實。但是，也有人告訴我的情況正好相反。「我們彼此相愛嗎？」一個女人曾感慨地反問我後，自問自答：「是的。我慶幸我們保住了婚姻嗎？當然。但是一切都不同了，我更希望這件事從未發生。」每當我試著把傷痛當成僅僅是通往開悟的其中一步時，就會想起一個三次罹癌的朋友，他臨終前在病床上跟我說：「我不需要的性格特質太多了！」

我不打算美化苦難，不想暗示傷痛可以教會我們哪些功課，也不想說從某種程度來看，承受苦難是有價值的。但真相是，對大多數人來說，傷痛會帶來真正的改變。本書要談的是各種形式的真實傷痛，以及這些傷痛要教導我們的人生課題。

身為猶太會堂的資深拉比，我見證過無數的傷痛。每當人們因為身體或生活的折磨而覺得人生分崩離析時，我的電話就會響起；我辦公室的沙發經常被淚水浸濕，有些時候一整盒面紙都不夠用。將近三十年下來，我傾聽、撫慰、探訪及擁抱，幫過成千上萬的人面對情感及身體的傷痛，我以為已經完全了解了所有的人生苦難。但事實是，等到我自己的痛苦摧毀了我、使我不得不屈服時，我才真正領悟，那些求助於我的人們所承受的，究竟是怎樣的傷痛與恐懼。

在一場可怕的車禍事故後幾個月，我原本以為自己已經安然度過了；直到有一天，當我把車子開進車庫時，一節突出的椎間盤壓迫到脊椎神經，在令人痲痺的灼痛感中，我連打開車門都無法做到。醫生叫我打電話給急救人員，但我沒有叫救護車，而是勉強拖著身體，一寸寸痛苦扭動，哀號著爬過滿是油污的車庫地板進到房子裡。我蜷曲著身體，像胎兒般躺在地板上啜泣，乞求有人能給我打一針嗎啡止痛。

此後，我經歷了鴉片類藥物、手術、越來越多的藥物、疲憊、退縮、憂鬱、恐懼，以及「為什麼是我？為什麼是現在？」的苦澀自問後，開始展開自我療癒。這段飽受身體與情緒折磨的痛苦日子，教會了我許多事，比半輩子見證別人的痛苦更為深刻入骨。

剛開始，我並未認真看待我的病痛。我吃止痛藥，努力遮掩睡眠不足，保持嚴格的工作節奏，後來情況嚴重到只要一站起來，就會痛到整張臉都扭曲。手術過後，聖殿一名女董事打電話給我，她說：「你為了會堂弄傷了背、拚了老命。」*她的話一針見血。雖然從醫學上來看，她說的並不正確；但從精神角度來看，她是對的。多年來，我背負著其他人的苦難，還要在募款時看人臉色，懇求、討好、鼓勵、附和，情緒上確實受到不少折磨。所以，脊椎手術十天之後，我做了什麼？為了盡早回到舞台扮演好我的角色，我允許醫生往我身體注射毒藥。

至聖日（High Holy Days）是猶太人全年中最神聖的十天，對拉比來說就像超級盃，對我的情況及那一年來說更是如此。我們的會所歷史悠久，有一千八百個的座位，最近剛完成為期兩年的整修。這座莊嚴宏偉的祈禱會所，是由電影大亨路易．梅耶（Louis B. Mayer）、華納兄弟（Warner brothers）、卡爾．拉姆勒（Carl Laemmle）及其他好萊塢名人共同於一九二九年創建。在兩年的翻修期間，會眾都在臨時的禮拜堂聚會，今年完成整修，我們又回到了這座鼓舞人心的祈禱會所。金色、綠色及棕褐色交織的圓頂高達一百四十英尺，在深藍與深紅的彩色大玻璃窗下，顏色層層疊疊地擴散開來，三十英尺高的黃銅吊燈，宛如女王耳環般地懸掛在圓頂上，輻射出白色的柔和光芒。整個翻修專案（包括聖所及園區的其他部分）耗資兩億美元，其中的一億五千萬美元，是我過去十年透過數不清的會談、晚宴、活動，一筆一筆籌募到的。即便我不想承認，但這些募款活動以及管理這麼多會眾（包括數百名的工作人員及七千名會眾），已經快要耗盡了我的能量，而在我精疲力竭的同時，也感到了莫名的恐慌與困惑。

「你有六個小時的時間，」醫院團隊的負責人在把針刺進我身體時告訴我。「六個小時後，你會連站都站不起來。」我的妻子是唯一反對我重回布道壇的人。那天晚上，是我費盡心血、努力了那麼久的專案終於圓滿完成的揭幕大典，所有會眾都翹首以盼，而我妻子是唯一一個擔心我的身體更甚於滿足會眾期待的人，連我自己都比不上。若說疼痛是殘酷的導師，那麼我這個學生就是無情的否認者。

＊編按：原文是 You broke your back。Broke your back 字面意思是背部打碎了，引申的意思是拚了命地辛勤工作。

我撐過了那個晚上，但是之後好幾個月我持續承受著可怕的痛苦，受困於自己不知變通的行事作風——永遠想要滿足每個人的需求，日復一日地超出自己的負荷，想要最快速地完成最困難的任務，因為除此之外，我不知道還有什麼其他的做法。然後就是用藥問題，就像其他數百萬人一樣，類固醇與鴉片類藥物的後遺症很快就反撲回來，我深深墜入昏沉與沮喪的困境之中。雖然疼痛感遲鈍麻木了，但它仍然抓著我不放。

「雜草帶來了小黃鳥。」

「我們不知道是誰發現了水，但肯定不是魚。」這是加拿大哲學家馬素．麥克魯漢（Marshall McLuhan）經常掛在嘴邊的話。他的意思是，我們往往離自己的生活太近，沉浸在自己的現實之中而看不清真相。魚兒只有在上鉤、在網中蹦跳、被刺網捕獲而掙扎著呼吸時，才會發現水的存在。我們也是如此，只有在痛苦猛然將我們抽離平凡的生活時，才會在自己身上發現某些強大而真實的力量。我在醫院病房、墓園、法庭、家裡及辦公室（我把辦公室那張沙發稱為「淚水沙發」，因為很多人都曾坐在上面，從內心深處發出悲鳴），不計其數地見證到這一點。因為疾病，我們發現了健康有多重要；因為失去，我們發現了愛可以有多深厚；因為愚蠢，我們見識到了成熟與智慧。傷痛衝擊著我們，也驅策著我們，把我們帶離自己的定位（我們自以為的那個自己），變成更加真實的存在。當痛苦找上我時，我理智地知道我不是史無前例的第一人（承受椎間盤突出之苦的中年男子多了去），但痛苦不只會讓你失去理智，還可能會賠上心靈與靈魂。

我花了多年時間才學會去欣賞痛苦的勝利，如今，我感謝我的挫敗，這迫使我改變自己頑強固執的作風，也迫使我對年齡、肌肉、骨骼、衰退、限制及我只是凡人的簡單事實讓步。我們只能做到這麼多，然後，就必須放手。

身體的病痛，使我不得不停下許多事。其中一個看似最微不足道、卻有強大象徵意義的事情，就是我與雜草的戰爭。沒錯……就是雜草。我住家後面有一座小山丘，從我十一年前買下現在的房子到最近，一直堅持著要把山丘上的雜草除之而後快，因為我不想從窗戶看出去時，在一片完美如綠毯般的常春藤植物外，還看到礙眼的雜草。我噴過藥，動過斧頭、鐵鍬、電鋸、大砍刀、乾草叉、修剪器，只要你說得出的方法，我幾乎都試過。這十年來，每隔幾天我就會爬上那座小山丘，在摔倒及咒罵聲後，彎下腰與雜草奮戰。我妻子貝琪會搖著頭，徒勞地說出妻子對丈夫重複了五千年的一個簡單真理：「你知道的，我們可以雇人來做這件事。」

脊椎手術過後大約一個月，我從麻醉劑與類固醇的昏茫中清醒過來，氣力只夠我走幾步路到房子後面的露台，躺在躺椅上。就在這時，我看到它們：數百株高大、纖長的雜草，在小山丘上恣意地生長，就像在對病弱的我耀武揚威。但此時此刻的我，對這種展現大自然意志力及侵略性的植物，完全無能為力。

接著，我注意到了其他東西：在那些我曾經痛恨的雜草上頭，散散落落地棲息著一群小黃鳥。接下來幾個星期，當我在溫暖的午後陽光下進行療癒時，牠們始終以歌聲陪伴著我。正是那些擊敗我多年的雜草，吸引來了這些嬌弱的小黃鳥。

痛苦使我們產生裂縫，而裂縫會滲透進光，讓我們重獲完整。我在碎裂聲中，聽了一句美麗的箴言：雜草帶來了小黃鳥。

本書是走過傷痛的一趟旅程，包括三個階段：度過、療癒，以及成長。書中探索了傷痛的殘酷、解脫、悲傷、寬慰、醜陋及美麗的真理，這些深刻的真理包括：當我們必須承受時，我們就承受得住；失去快樂的那些日子，不會讓你一蹶不振；以及即便黑夜深不見底，太陽終究會升起。

在這一趟療癒之旅中，你會遇到許多人，也會聽到我分享的老寓言與科學洞見，這是我的旅程，也是許多人都曾經走過的旅程，所有這些，我希望都能幫到你，讓你從痛苦中走出來，走向智慧。據說，每個牧師都有自己慣用的布道詞，這意味著同一個真理就有成千上百個不同的傳遞方式。至於我自己，更願意藉此布道啟發所有人，讓每個生命所承受的苦難都不被辜負，讓此後的人生更溫柔慈悲、更有智慧，一天比一天更美麗。

度過

發生的傷痛都有其價值，
人都必須經過痛苦的試煉才會真正長大，
並在不斷的失去中日漸完整。
有人因為失婚痛苦，
有人因為親人離去而哀傷，
有人因為自身的病痛而煩憂……生而為人，
可以從這些被視為不幸的事件中，
習得面對無常人生的智慧。

人生沒有過不去的坎

勇氣不是擁有堅持下去的力量，而是當你沒有力量時仍然堅持下去。

——老羅斯福（Theodore Roosevelt）＊

人們可以承受肉體與情感上的巨大痛楚，這是詩篇作者大聲吶喊的那種痛苦：

「我被壓傷，身體疲倦；因心裡不安，我就悲嘆。我因悲嘆而困乏；我每夜流淚，把床榻漂起，把褥子濕透。」

——《詩篇》（*Psalm*）第六篇第六節

一位受傷的美國退伍軍人就感受到了同樣的痛苦，在部落格上寫下了這首詩來抒發擺脫不掉的鬱悶：

「我已然殘破，我已然疲憊。嗎啡卯上了疼痛，在藥物這場戰鬥中我無能為力。我的身體是戰場，我的理智是傷亡。」——雷．巴特納（Ray Buettner）

這就是老諺語**「一旦你必須做，你就可以做到」**，所要表達的真正智慧。我看過父母抱著他們夭折的小男孩，不捨地埋葬他纖弱、蒼白、冰冷、毫無生氣的小身軀，然後，看著他們繼續往前走。這不是因為他們不平凡，而是因為他們很平凡，就跟你我一樣。

在兒子去世之前，巴瑞與蜜雪兒早就知道這一天會到來。男孩被診斷出罹患一種叫「孟克斯氏症候群」（Menkes' syndrome）的罕見疾病，新生兒的發生率約為十萬到二十五萬分之一。這種疾病會阻礙幼兒代謝銅這種人體必需微量元素的能力，而且沒有方法可以治癒。

＊編按：這句話的出處有爭議，或說是拿破崙說的。

我出現了，有人受苦時，這真的是你唯一能做的事，沒有任何言語或行動比陪伴更重要了。每個星期，我會帶著從星巴克買來的咖啡與鬆餅出現在他們的家門口；談話時，他們一直抱著小男孩（我們都知道，他頂多只能再活幾個月）。我們談到死亡可能對他們的大兒子產生什麼影響，當時他才三歲；我告訴他們，男孩的餘生將會有一個老靈魂。結果證明，我說對了。

我曾經在耶路撒冷聽過一位拉比的演講，他是奧斯威辛（Auschwitz）集中營倖存者中年紀最小的，他所說的所有話語中，最令人不寒而慄的一句話是：奧斯威辛集中營沒有小孩。一旦你走進通了電的有刺鐵絲網圍牆後，不論年紀多小，馬上就變成了一個成年人。

一直要到你遭受了某種真實、深刻的痛苦，你才會真正長大成人。這意味著，有些小孩早在六歲就長大了，而有些成年人到了六十歲還是個小孩，直到他們的父母過世、他們的身體以某種危急的方式崩垮、心愛的孩子被疾病折磨或被死亡帶走，或是他們的人生因為離婚、生意失敗或道德淪喪而分崩離析。

我告訴巴瑞夫婦不妨這樣想：他們的傷痛不是一無價值，因為倘若沒有這場可怕的悲劇，他們永遠不會有另外一個孩子。事實如此，他們添了一個美麗的小女孩。沒有什麼事值得他們如此受苦，但他們的受苦也並非毫無價值；在兒子死後十五年，巴瑞成了我們會眾的主席，當董事們正在為要負起有史以來的最大財務風險而舉棋不定時，他在一場關鍵性的會議中起身說道：「最糟的事已經發生在我身上了，我已經一無所懼。」勇氣來自巨大的痛苦，沒有失敗哪來的成功。

每當我到墓園並在葬禮前向遺屬致意時，通常會把他們帶到一旁，向他們說些看似老生常談的話語，但他們日後往往會告訴我，這些話讓他們極為受用。我看著他們的眼睛，告訴他們：「無論我說什麼，都無法讓這件事變得更容易承受，死亡是生命不可避免的一部分，每當這種時候，你必須把一隻腳放在另一隻腳前面繼續走下去，直到它完全過去為止。繼續走下去，這就是你要做的事，也是你必須做的事，把一隻腳放在另一隻腳前面，直到今天結束。」

「我做不到。」有時候我會得到這樣的回應。

「你可以，而且你會這麼做，因為你必須如此。」我告訴他們。接下來，我會摟著他們，跟他們一起走進教堂，向他們深愛的人道別。三十年來，我沒有看到有人的日子過不下去，他們都會一步一步地往前邁進，度過糟透了的那一天，不論過程有多麼痛苦、緩慢……

當我遠離家鄉在義大利寫這本書期間，曾去聽了一場演講，講的是知名藝術品經銷商斯蒂法諾・巴迪尼（Stefano Bardini），以及他涉嫌偽造的文藝復興時期的傑作。演講後，有個年輕女子走近我，跟我一起的朋友告訴她，我正在寫一本談痛苦的書。她馬上就對我敞開心房，告訴我她才去英國探視過母親，她的母親不久前切除了一對乳房。我發現大多數人，甚至是完全陌生的人，在聽到這本書的主題時，往往會想告訴我他們親身經歷的痛苦。這是最值得注意的一點：人們想要傾訴，他們需要傾訴。

我告訴這位擔心母親的年輕女子，這本書第一章的主題是「一旦你必須做，就可以做到」。「這就是妳應該告訴妳母親、妳父親以及妳自己的一句話。」我鼓勵她，「我說的，不是我們有時會聽到的超乎常人的行為，比如被巨石壓住的某人為了自救而用刀子切斷了手臂；我只是告訴妳，妳會因為妳母親跟父親可以堅強到什麼程度而感到驚訝，因為他們必須如此。」

我問她，她的父母結婚多久了，她回答有三十年了。於是我提醒她，他們已經一起經歷過了那麼多年的風風雨雨。「妳可以問問他們，他們曾經一起面對的難關中有哪一件最困難，我打賭不會是妳母親最近動的手術。」我建議她，「提醒妳的雙親，也提醒妳自己，他們曾經具備的內在力量、愛以及勇氣，使他們能從以前的痛苦中撐了下來，因此，他們必然也具備了度過這一次難關所需要的一切。這就是信念，要對自己及摯愛之人有信心，這點非常重要。」

「問問他們以前如何度過難關，傾聽他們告訴妳的事。他們可能會說：『我們彼此仰靠、向家人求援，或是我們坦誠地直接面對困境。』不論答案是什麼，請提醒他們，這正是他們完成自我療癒及面對新常態的方法，而他們的新常態也包括永遠都不必再擔心乳癌復發。」

你以前是如何度過低潮或難關的？在人們面臨非常痛苦的經驗時，這是我常常會問的一個問題，這可以提醒他們，他們曾經從可怕的痛苦中撐了下來，他們當時是如何挺過來的，這次也會帶給他們同樣的希望及信念幫他們度過考驗。

我給這位年輕女子的最後一個建議，是我在無數的病房中分享過的建議。那就是，我們之所以活在這個世上，是因為先我們來到這個世界的那些祖先，沒有他們，我們珍貴的DNA就不存在。而那些能夠在數百萬年前存活下來的人，是因為他們每天都活得戰戰兢兢，彷彿每棵樹後都藏著一頭猛虎。他們想像著最糟的情況隨時都會發生，在數百萬年前，這種看待世界的方式幫他們活了下來。然而，時至今日，面對的情況完全不同了。傷痛專家與心理治療師稱這種思維方式為災難化的認知扭曲，記載在案的事實證明，相較於強烈的痛苦，災難化思考更可能造成生活品質降低。

每當我深陷於困擾及恐懼中出不來時，我都會想著搭飛機在狂風暴雨中穿越黑沉沉天空的那些時刻，想著當時的我驚懼地握緊拳頭，撐過最糟的亂流；在顛簸與陡降中，感覺自己的胃也跟著下沉，擔心飛機會不會墜毀。我會提醒自己，必須挺住、撐下去，自己一定做得到，在人生之路上，所有的亂流與恐懼之上，還有美好的藍天在等待著我。這不是說糟糕的事不會發生，而是在經歷痛苦之前、之間及之後，確實發生在我們身上的事，可能比我們最可怕的想像要好得多。在我們最需要力量的時候，災難化只會浪費我們身心靈的能量；而且相信我，在任何情況下，無論你想像的是什麼結果，都有可能是錯的。

「只管走下去就對了。」

當人們打電話過來，想讓我為某個還在世的親人準備葬禮時，我都會提醒他們，別錯過摯愛在人生的這最後一段旅程，不要把時間浪費在擔憂或預期親人死亡的這些事情上面。當你面對人生的困境時，盡量不要去想像幾天、幾週、幾個月或幾年後會發生的壞事。當然，當我們站在懸崖時，總不免想往下看，並想像萬一掉下去滾落到地面，面對不可控的死亡會如何。然而，當你真的深陷痛苦，請務必盡己所能地一再逐漸後退，一步步遠離懸崖，尋找一個更有建設性的觀點。幫自己綁上一條暫時的牽引帶，問問自己，**我可以在下一個小時做些什麼來照顧我所愛的人及我自己，使現況得以好轉，痛苦得以緩解？**

傷痛會導致憂鬱，憂鬱又會帶來更多的傷痛。這是真的，而且不管是肉體或情感上的傷痛都一樣，兩種類型的傷痛都會觸發大腦中的相同部位。相信傷痛會好轉雖然無法療癒傷痛，但可以減輕程度，防止它徹底主宰你的生命。疼痛專科醫師史蒂芬．里奇默（Steven Richeimer）有一個簡單方法來總結這種正向心理學的作用：想辦法把每一種消極的恐懼，轉變成正面及可操控的想法或事物。例如，把「我受不了」變成「我可以放鬆讓感覺更好」，或把「它永遠不會消失」變成「它會時好時壞」，把「它會毀了我的人生」變成「我的人生仍然充滿目標及意義」，把「它只會變得更糟」變成「我可以控制要給它多少注意力」，把「沒什麼可期待的」變成「還有許多我沒做過的事」，把「我再也不會快樂了」變成「未來還有許多事物可以帶給我快樂」。對未來抱持著信念，對你自己懷抱著信心，即便一次只持續一個小時也行。

「你想不用拐杖走路，不再一瘸一拐嗎？」我的物理治療師所治療的病人主要是肢體殘缺、消沉喪志的退伍軍人，她在我術後第一次療程時這麼問我。「你想要走起路來不會再一瘸一拐嗎？」她又問了我一次。「那麼，站起來看著牆上的大鏡子。」我在鏡子前看著自己走路的樣子，還以為她要教我一些技巧或訣竅來糾正我的跛行。但不是的，她只是讓我好好看著自己，要看進自己的眼睛。

我這麼做時，她告訴我，在長期經歷令人痛苦的肉體傷害之後，我們的大腦會產生某種創傷後壓力症候群，情感創傷也一樣。即便疼痛源頭已經由手術移除，真正的疼痛已經停止了，但大腦會預期更多的疼痛，從而阻止我們去使用及信任身體。經歷過嚴重情感創傷的人，他們心靈的反應也是如此。當枕邊人傷害我們、孩子讓我們失望、朋友對我們撒謊、商場上的夥伴欺騙我們……與其再次信任，我們寧可退縮來保護舊傷疤，並避免未來可能發生的新創傷。

人們往往會引用海明威的話：「這世界會打擊每一個人，但事後許多人會在受傷的地方變得更強大。」在我聽來，這更像是海明威虛張聲勢的逞強之語，而不是一句真理。我相信有些人的傷處確實會變得更強大，但我知道我的背部沒有變得更強壯，而且永遠都不會；我也知道失敗的婚姻、破碎的心、受損的名譽，也無法變得更強大。

然而，我們可以充分療癒，可以用某種方式真正或再度找到真實的自我。那是我們真實的、更仁慈的、更有智慧的，而且越來越美麗的人生。不論是你的第二次戀情或第二次機會，請以另一種方式向前邁進吧！

「現在，請記起發生這件事之前的你是怎樣的人，那是真正的你，那是內在的你。」物理治療師從房間的另一頭對我說，「那個男人還在那裡，雖然他受了傷、虛弱、精疲力竭、害怕，但他還在那裡。你必須決定是否要努力找到他，是否要重新成為他，然後更明智、更寬容地對待你的身體與你自己。你必須決定是否願意再度相信你的身體、相信這個世界以及它的善意，還有再度相信你自己。」

「一旦你必須做，你就可以做到」，這句老格言驀然帶著禪意般的明晰與透澈湧上了我的心頭，一次一個小時就好。

我們都是囚犯，無法自我釋放

你永遠都不會強大到不需要他人的幫助。

——凱薩．查維斯（Cesar Chavez）

有一位創造奇蹟的人叫約坎南（Yochanan）。當這位具備療癒力量的大人物生了病時，卻無法治癒自己。

他的朋友哈尼納來看他，對他說：「把你的手給我。」他牽著約坎南的手，把約坎南從床上扶起來。

「為什麼約坎南自己無法起身？」這個古老的故事問道。

「因為，」它的回答是，「囚犯無法從監牢中釋放自己。」

我們每個人遲早都會感受到痛苦，不在肉體之中，就在內心深處的某個地方。

坐在你旁邊的那個人很痛苦，地鐵上的陌生人很痛苦，那個阻擋你、讓你失望、把你排除在外的人很痛苦，你所愛的人很痛苦，你也很痛苦。愛就是悲傷，活著就要受傷。

不論是情感上或肉體上的痛苦，都揭露了我們的脆弱，並且壓迫著我們的痛處。我們可以強顏歡笑並忽視痛苦，也可以用藥丸、豪飲、性愛、血拼、暴飲暴食、哈菸或哭泣來讓痛苦變得遲鈍，但是，不論這些痛苦的人當時可能說什麼，都沒有人能夠獨自承受痛苦而好轉。傾聽你的痛苦、尊重你的痛苦，並與那些能幫助你了解痛苦源頭的人談談，才是更好的方法。痛苦是改變對話深度的邀請，面對痛苦的真相，向上帝或是你所愛的人傾訴；向你所愛的以及愛你的人伸手求助，告訴他們，信任他們，他們會握住你的手，幫助你從痛苦中站起來。

有個古老的民間故事說的是一位悲傷的鰥夫，他去拜訪村裡的智者想尋求慰藉。智者給了這位可憐人一份烘焙蛋糕所需要的食材清單，並告訴他要走遍全村各戶，從每一戶中收集一種食材。唯一的要求是，送出食材的人家必須沒有經歷過不幸或傷過心。經過一整天的奔波，鰥夫兩手空空地回來了，因為全村沒有一戶人家不曾經歷過失去親人的痛苦。

這個故事的深意，要比表象更妥貼入微。大部分的人會認為，鰥夫從中領悟到每個人都在受苦；但我的看法不一樣，我認為他跟我們所有人一樣，早就知道這個事實了。我認為改變的關鍵極可能發生在他拜訪每戶人家的過程中，也就是他跟村民的對話。

「很抱歉，我無法給你一樣食材，因為我也遭受過可怕的痛苦。」

「發生了什麼事？告訴我關於她的事。」

「我要告訴你關於我的痛失所愛，我好想她。」

「我好感謝她是如此棒的一個人，對我來說，她是老天爺給我的禮物。」

「再多告訴我一點你的恐懼與悲傷。」

「讓我來告訴你，我是如何設法讓自己繼續活下去。」

這個男人的痛苦並未在那一天結束，但他的療癒開始了，他不再感到自己被詛咒，也不再覺得自己孤獨無依。他知道每個人在人生的某個時候都會行經幽谷，而現在他就走在這條路上。同病相憐者的心情起伏，同為天涯淪落人所伸出的援手、分享、安慰、建議及關懷，全都有助於突破這位鰥夫豎立起來的孤寂高牆，幫助他邁出通往療癒之路的第一步。

向他人求助，對大部分人來說不是一件容易的事。對於獨立、成功、自負或習慣幫助他人的人來說，很難要他們在受苦時反過來向他人求援。更糟的是，八成慢性疼痛的患者都有臨床憂鬱症（clinical depression），使得他們更不可能向他人求援，也更不樂於接受他人的幫助。我很明確地知道，如果我沒有遇到一位有同情心且本領高強的心理醫師，如果沒有我的朋友及家人的幫助，我會花上更多年才能跟我的痛苦和平共處，而契機就在於，我願意向他們吐露我的恐懼。

有時，我們會擔心自己給所愛的人帶來沉重的負擔，以至於在我們最需要他們時，反而會刻意疏遠。當我跟那些不敢向另一半、孩子、父母、朋友或同事求援的人談話時，我只要求他們易地而處——如果情況反過來呢？如果需要幫助的，是你正在受苦的姊妹、孩子、父母、朋友或同事呢？難道你不會想知道嗎？難道你不想去幫他們嗎？通常答案是「我當然會」。

你無法獨自承受椎心刺骨之痛。相信你所愛的人，相信他們到足以讓你說出有多麼需要他們，你有多害怕、困惑，或是你犯了嚴重的過錯卻求助無門。你會震驚他們的反應，你甚至不知道有些人是如此關心你。因為他們也曾受苦，所以能更敏銳地感受到你的痛苦。你將會心存感激，並在某些方面被療癒了，因為你會了解到，你最愛的人會比你所以為的更深刻地愛著你，即便是（尤其是）在你的人生被打擊得四分五裂之際。

向他人伸手求援有風險嗎？是否有些人會讓你感到失望呢？當然會。當你在痛苦中伸手求援時，記住這一點非常重要：真正重要的人不會介意，而會介意的人真的沒那麼重要。

理想上來說，這意味著我們所有人只要經歷過痛苦，並對那些給予回應的人充滿感激，都知道我們也可以將他人從痛苦中釋放出來。經過多次癌症手術而不幸聾啞及半癱瘓的亞麗，在我們透過筆電的來回幾次談話中，打出以下的段落給我：

> 我們的身邊始終有天使，就在我們的朋友、家人以及我們所遇到的人之中。有時，你看不見這些天使，直到你真正需要他們。我跟幾個工作上的朋友一直保持聯繫，他們把我要去納什維爾（Nashville）治療的消息傳了開來。於是，大家聚在一起計畫了一些募款活動，幫我度過這次的難關以及籌措旅費。我聽到他們辦了某種烘焙義賣，還在一些地方張貼我的照片，並附上一個小故事說明我的情況。
>
> 我非常驚訝，從來沒想到有人會這麼關心我。有一位同事來到我家，帶來了一大袋祝我早日康復的卡片與信件，以及一張三千美元的支票。這都是給我的嗎？我真的不敢相信。知道自己沒有被人遺忘，真是太讓人振奮了。

當我們不是痛苦的受害者而是見證者時，又如何呢？我們可以為一個深陷痛苦的人，可能是我們的家人、朋友、同事或鄰居，做些什麼？我們可以做些什麼來緩解他們的痛苦？

偉大的阿奇瓦拉比（Rabbi Akiva）*有個學生生病時，除了阿奇瓦，沒有任何智者去探望他。阿奇瓦幫這個學生打掃地板，就因為他這麼做，學生康復了。學生告訴阿奇瓦：「拉比，你讓我活過來了！」

阿奇瓦拉比回到學院後，教導大家：「不去探望病人，就跟把病人捅到流血沒有兩樣。」

阿奇瓦拉比深知伸出援手的重要性。伍迪．艾倫（Woody Allen）也指出，生命中最重要的一件事就是付諸行動，他沒說錯。我從那些受到傷害的人，一再聽到這個真理。最簡單的姿態，反而是最重要的。

「過去這幾個月，我學到了很多。」那赫姆．布雷弗曼拉比（Rabbi Nachum Braverman）在小女兒耶爾被確診出罹癌時寫道，「當我們剛獲知耶爾的病情時，我所有的友誼，都在那段可怕日子的嚴峻考驗中得到試煉。我開始比以前更珍視朋友的單純特質，對我而言，關懷似乎比聰明才智更重要，也更可貴。」

「當我最迫切需要關懷時，沒有多少人願意花時間參與我的生活。剛開始，我嚴厲地評判那些沒有挺身而出的人，直到我開始思索，是否我自己的表現也如此。我意識到因為太看重自己的能力，有多常讓別人感到失望，因為能力遠不如懂得關懷他人來得重要。」這是摘自多年前，他在如今已經停刊的《世界》（*Olam*）雜誌所發表的一篇文章。

我經常會對處於重病或危機初期的人說的其中一件事，就是：他們會欣慰地發現所認識的朋友是怎樣的人，也會失望地發現他們不是那樣的人。許多人在認識的人遇到麻煩時，會躲得遠遠的。或許是因為他們下意識地感到害怕，認為這樣的苦難與折磨也會以某種方式轉移到他們身上；又或許他們只是不知道該說什麼、該做

＊編按：Rabbi Akiva（西元 50-135 年），猶太聖賢，被譽為猶太歷史上最偉大的三大拉比之一。

什麼去幫助對方。無論如何，在你需要幫助時，某些人必然會令你失望，但也有人會讓你感到驚喜。

亞伯拉罕及摩西是《聖經》中兩位最偉大的人物，兩人都受到上帝召喚，都以同樣的方式回答上帝，也就是希伯來語的 *Hineni*，意思是「我在這裡」。我們自己及親友的痛苦也會召喚我們，要我們超越自己，以最簡單的話語「**我在這裡**」，對別人伸出援手。

每個禮拜，我幾乎都會接到電話，詢問我他們應該對正在面對手術、化療、離婚、公眾醜聞或許多其他痛苦的親朋好友說些什麼。真相是，痛苦帶來的混亂沒有答案，除了「**我在這裡**」，無話可說。事實上，有人受苦時，你沒說出口的遠比你說出口的話更為重要。我經常告誡人們永遠別說這句話：「需要幫助時，請讓我知道。」一旦你說出這句話，就等於把負擔放在受苦者的身上，而不是自己身上。許多曾經坐在教堂長椅上聽我布道的人，都聽過我反覆訓誡永遠不要說出「需要幫助時，請讓我知道」這句話，但最近我岳父去世時，他們卻透過電子郵件或簡訊跟我說了同樣的話。這句話是假同理心之名，希望受苦者不會真的做出回應。

當你探訪病人時，要想想他或她最需要什麼，如果是你能力所及，就盡量幫對方做到。如果你是去醫院探視病人，要盡量縮短時間，以免讓病人太累；如果對方陷在痛苦中走不出來，你要設法把他或她帶回到某個快樂時光，給對方一個心理假期。我有時會要求人們告訴我，他們曾經度過的最棒假期，或是遇到另一半的故事，或是要他們談談初吻，或是談談曾經發生在他們身上的有趣事情。短暫的逃避、快樂時光的回憶，是我們可以提供給對方的一份愛的禮物。

當我去探視在醫院或在家休養的病人時，他們往往會把家人或朋友的慰問卡貼在牆上或擺在桌子上。不管是便條、卡片、電話或探視，都對他們意義重大。但是，假如有人要求獨處一段時間，也要尊重對方的決定。除此之外，你要做的就是前往探視、打電話、發電子郵件，次數再頻繁也不嫌多。

我們要做的，就是不需受苦者開口就能滿足他們的需求，並在顯而易見的事項上提供幫助，例如順便搭載一程、送到對方家門口的健康晚餐、安排小孩的遊戲日、請按摩師到府服務、減輕工作壓力、陪同去醫院複診等等。有時候，只要用心一點就能讓事情上軌道。然而，不管你正在受苦的朋友離你家遠或近，最重要的是傾聽，而且要勇敢地去傾聽。陷於痛苦中的人都會憂懼害怕，需要有人陪著他們一起擔憂。樂於傾聽，不要去管結果是否會讓你悲傷；去傾聽且不要迴避談論死亡或恐懼，這才是真正的友情，這才是真正的愛。

還有一些隱諱的方式可以幫助他人，例如協助對方重拾尊嚴與希望。偉大的導師與作家約瑟夫．特魯希金（Joseph Telushkin），曾經說過一個關於他父親所羅門的故事，所羅門為全世界最偉大的宗教領袖之一擔任全職的會計師工作。在所羅門因為中風而住院時，有一天約瑟夫接到那位宗教領袖的高級助理打來的電話，說有一個會計問題要請約瑟夫幫忙問問他的父親。當時，他的父親才恢復意識沒幾天，身體虛弱，神志還不算很清醒。因此，約瑟夫遲疑著是否要答應下來，但是那位助理非常堅持，並解釋說那天稍早的會議上，一出現這個會計問題時，偉大的宗教領袖就說：「去問所羅門。」有人提醒他，所羅門現在的病情很嚴重，但他還是那句話：「去問所羅門。」

現在，約瑟夫知道了命令是直接來自偉大的宗教領袖，於是他來到父親的病房，提出了那個問題。所羅門立刻做出回應。在那一刻，約瑟夫才領悟到那位宗教領袖不凡的慈悲與智慧，他知道所羅門病得很重，但他也知道，對於躺在病床上迷惘又半癱瘓的所羅門來說，感覺自己仍然被需要，這一點有多重要。

「我所有的友誼，都在那段可怕日子的嚴峻考驗中得到試煉。」

減輕他人的痛苦是偉大的作為，而大多數人如果有機會的話，都會這麼做。我知道誰在我最痛苦難當時，對我伸出了援手。我記得安迪與達莉亞送我的花，還有奧黛麗、黛博拉及傑瑞也是；我記得那些電子郵件；我的朋友布魯斯來幫我安裝Apple TV，讓我能度過好幾個月的漫長康復時期；辛蒂帶給我一個坐墊，讓我能夠不那麼疼痛地坐在椅子上；我的醫生朋友傑伊每天都會打電話過來，我的諮詢醫生泰德也一樣。唐恩跟南西帶著晚餐來看我，芭芭拉為我燉了湯，大衛帶來史蒂芬妮親手做的濕軟、金黃色的布朗尼蛋糕；漢娜和亞倫抱著我去洗手間；當我沒有食欲、體重急遽下降時，貝琪給我做了無數的烤起司三明治，那是幾個星期以來我唯一想吃的東西——溫馨的家常美食，最深的含意莫過於此。史黛西與阿爾貝托送來杯子蛋糕，每個蛋糕上面都有一個字母，拼起來就是早日康復；瑪莉蓮從辛辛那提送來美味到不可思議的冰淇淋；瑞克一再確定醫院可以馬上幫我辦好入院手術；丹尼爾跑到我家裡來幫我剪頭髮；我的侄子安德魯寄來一台新 iPad，讓我可以躺著回覆電子郵件。另一位也叫安德魯的朋友做過類似的手術，在我最低潮的時候，打電話過來告訴我，他了解我的痛苦並向我保證「每個人都會好轉」。每一個這樣那樣的時刻，不論細微到難以覺察，厚重的烏雲都能漏出一點陽光。我記得每個同樣承受痛苦的同伴，他們願意傾聽我的憂慮，知道我有多麼害怕再也無法行走；我也記得每個意味著情感與關懷的善意表示。

猶太教與基督教都預言未來會有一位彌賽亞降臨，以救贖全人類。「我們該去哪裡尋找彌賽亞？」古代的智者問道，「彌賽亞會在充滿榮光的雲彩中身著莊嚴長袍、頭戴閃亮榮冠，出現在我們面前嗎？」

一位智者設想這個問題，所代表的威信不亞於先知以利亞本人，於是他問以利亞：「我該去哪裡尋找彌賽亞？」

「在城門口。」以利亞回答。

「我要怎麼認出他？」

「他坐在痲瘋病人之中。」

「在痲瘋病人之中？」智者哀號，「他在那裡幹嘛？」

「他正在幫他們換繃帶，」以利亞回答，「他逐個地幫他們換。」

逐個地向受苦者伸出援手，不遺漏任何一個人，這是至情至善的神聖之舉。

* * *

瑪琳・阿德勒・馬克思（Marlene Adler Marks）寫到她與肺癌奮戰的過程：

「我最後一次療程的那天早上，已準備好迎接對我來說已經很熟悉、長達七小時的漫長療程……我的靜脈導管很容易就接上了，類固醇與腎臟穩定劑的點滴已經啟動，我的朋友艾蜜莉、喬伊絲和我正在討論我們成年子女的職業前景。下午兩點，門口開始擠滿了人；我的腫瘤科醫生與工作人員帶來一個巧克力蛋糕，對著我唱『最後一次化療快樂！』……

「下午六點，出了一個差錯，靜脈注射液的幫浦突然故障……因此有長達兩個半小時的時間，在蘇珊、辛西亞及羅娜討論藝術博物館與事業第二春時，完全沒有注入任何藥物到我的身體裡。

「所以，我又回到了起點，不只是那一天的起點，也是我生命的起點。我的思緒開始盤旋，恐懼攻占了一切，血壓飆升到最高點。六個月下來的肺癌經驗讓我能夠確信，大事不妙了。我的祖母在我出生前就已過世，她有高血壓，接著是中風，然後就失明了。我的一生似乎都指向了這一刻，這個暗黑的大笑話：我的癌症不會殺了我，但高血壓可能會。

「『妳會冥想嗎？』史蒂芬妮護士關燈時問我……

「『嗡（Om），』我開始冥想，然後是『平安（Shalom）』。

「我開始緩慢數息，吸氣、呼氣。我想像自己在一座熱帶島嶼的沙灘上看夕陽；我將上帝吸入，並努力地將恐懼呼出。

「結果一點用也沒有。我的呼吸越是慢下來，心裡就越害怕。我是常言提到的那一點微塵，無意義宇宙的受害者，我祖母遺留下來的恐懼正在風中竊竊私語。

「而且，我的血壓還是降不下來。

「然後，我聽到了有如樹葉沙沙作響的聲音，蘇珊正在翻閱報紙。

「『可以握著我的手嗎？』我問她。短短幾分鐘後，我的呼吸恢復正常，血壓也穩定了下來。

「所以，在我化療的最後一天，靜脈注射管的一個閥片塞住了，但通往心房的另一個閥門卻打開了。

「我對勇敢一無所知，我只知道什麼是需要……什麼是近在咫尺的朋友。」

當我變脆弱時，請多愛我一點

當你向需要的人伸出手時，不要對自然浮現的事物本質感到訝異。

——史蒂芬．理查茲（Stephen Richards）

想想關於摩西的那個著名的聖經故事，由於以色列人崇拜金牛犢而倒退回信奉異教與偶像崇拜，讓摩西深感憤怒與沮喪，將寫著十誡的石板摔成了碎片。我們大都知道這個故事的結局，上帝一如以往地選擇原諒，讓摩西回到山上去取得第二套石板來取代已經摔碎的舊石板；但許多人不知道，兩千年前《塔木德》（*Talmud*）的智者問了一個關於這個知名聖經故事的問題：「第一套石板的那些粗石碎片後來怎麼了？它們去哪了？」

智者們堅稱，人們撿起了那些殘骸碎片，把它們與第二套石板放在一起，後來又把石板碎片與完整的石板放進神聖的方舟之中，這是他們穿越沙漠、流浪四十年期間一直都帶在身邊的東西。最後，智者們把這個故事轉化為一個人生課題，教導人們如何去照顧那些失去自我照顧能力的人，他們的生命就像是殘骸碎屑。

這個故事幫助我以童年時無法做到的方式，去擁抱我的父親。在我小時候，家裡一直都籠罩著沉重的壓力，我父親非常嚴厲，主要靠著恐懼來控制我們一家人。我的祖父母會濫用暴力管教小孩，對我父親的情感傷害太過嚴重，以至於他不知道還有其他方法可以教育孩子。雖然他從來沒打過我們，但他有如暴君的行徑，往往讓我以為下一秒鐘就會挨拳頭。如果我們兄弟中有人行為不檢，就會被要求脫掉衣服，脫到只剩一件內衣，然後一整天都只能待在房間中。對年幼的我們來說，這是一種變相的囚禁。有一次，我姊姊正在讀一本書，父親看到封面上有非裔美國男子的照片，二話不說就把書丟進焚化爐裡。我花了很多年才明白，我如此辛勤工作的職業道德，早在我雙膝跪地、用雙手擦洗工人更衣室的地板時就已經形成了。我還記得父親大聲吼叫：「我只要看到屁股跟手肘！」那時我才十歲，在我旁邊一起刷地的弟弟才八歲。

如今，我父親不再強悍了。當他開始用電視遙控器打電話時，我們知道他不對勁了。不久後，他被診斷出罹患了阿茲海默症。現在，他大部分時間都坐在安養中心的輪椅上睡覺，穿著尿布、戴著圍兜。我父母的婚姻維繫得很艱難，而且始終如此，但我永遠不會忘記，在阿茲海默症奪走我父親的行走能力之前，我母親幫他穿鞋襪的畫面。她重新找到了自己內心以及我父親內心丟失已久的某些東西，真實又仁慈、艱難又美好。當我去探視父親時，我會默默握住他的手，搔著他的頭去逗他笑，還會親吻他。我已經原諒他了，我以前所未有的方式一次又一次地告訴他，我愛他。我無法解釋這種脆弱之中帶著力量的矛盾，我只能說，當我們所愛的人變得脆弱又痛苦時，就是在邀請我們去更愛他們。

我和妻子貝琪之間有種神奇的愛，一直都是如此。我們相遇時，我的兼職工作是在辛辛那提為一小群會眾開辦一所主日學校。貝琪那時候是學校裡一位美術老師的朋友，那天剛好跟她一起來學校。當兩人走進我那間假木鑲板的小辦公室時，書本丟得到處都是。我們被介紹認識，四目交會時，我一看到她那雙害羞的藍色眼眸，頓時覺得一切都靜止下來了。第二天晚上，我們約好了一道吃晚餐，接下來花了十二個小時坐在俄亥俄河畔無所不談，主要談的是我們所受到的痛苦。她的抗癌療程幾個星期前才結束，而我則與前女友痛苦的分手，她與前男友也是……幾天後的第二次約會，我們就訂婚了。每個人都覺得我們瘋了，但我們知道自己在做什麼。去年我們一起度過了結婚三十週年。

當然，我們在婚姻中也遇到了許多困難。貝琪多次把我從絕望中拉出來，而她在最近一次手術後出現了嚴重的併發症，住院三週期間，人很虛弱、痛苦，但我卻覺得比任何時候都要更愛她。

她出院時，腹部還懸吊著排水的插管。每天早晚，我都要清空令人作嘔的黃綠色液體，再倒入量杯中記錄數據。說來也許令人意外，比起結婚、性愛、一起養兒育女或是她照顧生病的我，我覺得這是我為另一個人做過的最有愛也最親密的事，一種從痛苦與需要中誕生的深愛與親密感。在一個人健康時去照顧去愛對方，跟在一個人破碎、虛弱、害怕時去照顧並愛對方，是完全不同的兩回事，最深刻的愛只有在脆弱與痛苦的土壤中才能紮根成長。

「這是我為另一個人做過的最有愛也最親密的事。」

我永遠不會忘記，對痛苦最親密、最令人心碎、也最美麗的回應之一，是從一通電話開始。

「拉比，你能來我們家一趟嗎？」電話另一端、名叫邁克的男人問我，「我的父親沒有宗教信仰，但他說他想在死前見一位拉比。他現在跟我們住，因為得了癌症，已經無法出門了。你能來一趟嗎？拜託。」

他住在洛杉磯一條蜿蜒的街道上，車輛急速穿梭，兩旁房屋櫛次鱗比，像玉米粒一樣層層堆疊、互相推擠。房子的前院被曬成一片焦褐，有雜草叢生，還有一個壞掉的灑水器，以及一把折疊椅。我敲了門，邁克讓我進去。

「爸，拉比來跟你說話了。」邁克轉過頭向後方大聲說道。「往前走，拉比，他坐在客廳的沙發。」

邁克比我上次看到他時老了很多，五年前，我主持了他的婚禮；現在，他的頭髮變白，頭頂也禿了，整個人看起來很累。當我一見到躺在沙發上的老人巴德時，就知道原因為何了。巴德是肺癌末期的病人，皮膚薄得像枯葉一樣脆弱，布滿了斑點，身體瘦到幾乎只剩下一副骨架子了，臉頰枯槁而憔悴，讓眼睛看起來更大而無神。我穿著深藍色西裝、乾淨俐落的白襯衫、擦得光亮的皮鞋，落座在他身旁時，就像來自另一個世界。巴德穿寬鬆的灰色長褲、汗衫，雖然包著尿布，沙發上還多鋪了一張防漏墊。他看著我，不知道我是誰，也不知道我為何而來。他沒有明顯的疼痛，但是比出的每個手勢、說出口的每個音節，都像是費盡了他僅存的精力。我想幫他，盡可能用最悲憫的拉比聲調說：「巴德，我是拉比，我知道你想見我，我可以幫你什麼嗎？」

巴德慢慢朝我的方向轉過頭來，棕色的大眼睛定定地看著我，然後低聲說道：

「我要拉屎。」

我心想，**我是來幫你的，但幫也是有限度的。你想談神學、想禱告，想跟我一起規畫你的葬禮，我都奉陪；但想要我幫你換尿布，那可不行。**我找到邁克，「呃，我想他得去一趟洗手間。」我尷尬地跟他說。邁克嘆了一口氣，朝客廳走去。我往後退了幾步，看到了一場精采的雙人舞。

「好啦，爸。」邁克說，彎腰俯視沙發上的父親，「把手臂環住我的脖子，來吧，爸，把手放上來。對了，就是這樣，來吧，現在把另一隻手也放上來。別鬆開，老爸。」

在邁克的幫助下，巴德設法用兩隻骨瘦如柴的手臂環抱住邁克的脖子，十指交纏在一起。

「我數到三喔，老爸。一、二、三上，我們要站起來了，就是這樣，手別鬆開。」邁克叮囑著父親，一邊慢慢地將他從沙發上抬起來，現在，他們面對面了。巴德癱軟地靠在邁克身上，手臂仍然緊緊地環在邁克的頸後，而邁克的手臂則環繞住巴德的腰。接著，開始了一場最體貼入微的雙人舞。

「沒錯，老爸，就是這樣。」邁克鼓勵著父親，慢慢從一邊輕柔地移動到另一邊。巴德拖曳著雙腳，用盡全力緊抓著邁克。邁克溫柔地一小步一小步往臥室緩慢移動，讓巴德能趟在床上換尿布。

「對，就是這樣，很好，老爸。我總算知道，為什麼媽會說你舞跳得超棒了。」從一邊擺盪到另一邊，一寸一寸前進，這對父子在悲傷與痛苦中緊抱彼此不放，隨著只有他們聽得見的旋律搖擺起舞。

一個星期後，巴德離開了人世。我在葬禮前去見了邁克，知道了他父親更多的生平，也知道巴德為什麼會跟兒子住在一起。巴德的人生四分五裂，第一任妻子在他被詐騙而失去所有錢時把他趕了出去，第二任妻子也因為同樣的原因不讓他進家門。於是，巴德只好搬去跟兒子邁克一起住。

巴德在所有場合都能談笑風生，跌宕起伏的人生經歷，讓他心中始終留有一個角落給遇上麻煩的人。雖然開口請他幫忙時，他沒辦法很快就做到。他穿著時髦，熱愛大象，會開飛機，而且天啊，他真的很會跳舞。同時，巴德什麼都能賣。在七〇年代，他就是會出現在門前台階上、賣給你一張震動床的那種傢伙，只要給他一點時間，他就能在客廳把模型架設起來。在八〇年代，他銷售的產品換成了鞋子；九〇年代，兜售的產品則成了油井投資案。巴德始終對名利就在下一個轉角處深信不疑，他所要做的，就是把房子拿去抵押，先在那裡占個好位置。

巴德病危時，獨子邁克就是他僅剩的全部了。他們的生日同一天，在邁克年輕時，兩人同住在一間公寓，而現在當巴德走到生命盡頭時，又同住在一棟房子裡。邁克還小時，巴德常常很晚下班；有些晚上，巴德會把邁克叫醒，把他從床上彈跳起來，然後在廚房的流理台上玩「一、二、三上——我們起來了」，這讓邁克覺得自己有十英尺高，還可以把全麥餅乾泡在冷牛奶中吃。有時候，巴德會幫邁克洗澡；結果現在，是邁克要幫巴德清理屎尿。這一切有一種美麗又可怕的對稱性。巴德的兩任妻子都離開了，交往的朋友全是騙子，媳婦想讓他住進養老院。但是，邁克一直守在父親身邊，撿拾生命的殘骸碎片，把它們放進最神聖的方舟之中——他的心底深處。

我們全都認識過這樣的人，他們的人生破碎支離。老年人被年紀擊毀；孤獨的人因為離婚與失去而心灰意冷；飽受驚嚇的人因為惡性細胞增生、事故、命運的急轉直下、輕率舉動的後果，把人生縮減為一片片的瓦礫。先聖先賢的拉比們知道該怎麼做，邁克知道該怎麼做，我們所有人都知道該怎麼做。

我們必須彼此扶持。「一、二、三，上」，我們起來了，隨著只有我們聽得見的旋律，搖擺起舞。

禱告的真諦，不在祈求

人們因為無所寄託而開始禱告。

——赫舍爾（Abraham Joshua Heschel）

我不認為向上帝禱告可以預防災難或治癒癌症，因為我根本就不認為是上帝給人們帶來災難或癌症。但我確實知道，禱告會打開淚水的開關，並讓深藏於內心的悲傷無所遮掩。

我不相信禱告能治病，但我相信禱告可以療癒。當我為父親祈禱時，他的阿茲海默症一天比一天更糟糕，直到他離開人世。我不是祈禱他能戰勝疾病，他不會也不能；我祈求的是，我的家人在盡力保護並安慰我父親之餘，也能一起獲得療癒；我祈求的是，我們破碎的心可以得到療癒；我祈求的是，當我們與無法改變的事實和解時，療癒會自然出現。

當我禱告時，多數時候是要求**擺脫**而不是得到。我想擺脫憤怒、傲慢自負、器量狹小；我想擺脫讓我無法成為最好自己的每一件事。我祈禱的方式不是取決於上帝，而是取決於我自己。不管我是受苦的當事人，以個人名義祈禱，或是見證他人悲傷的旁觀者，為他們或與他們一起祈禱，都是如此。祈禱會突破孤立與隔離，當我們與他人一起祈禱時，會不由自主地搖晃、擺動，有聖歌、慰藉與舒適自如包圍著我們；而當我們獨自一人祈禱時，則與寧靜平和的遺世獨立感共處。當我們為那些受苦者禱告時，就像在說**我關心你，我掛念你，你不是孤孤單單一人受苦**。禱告就是希望。

我知道對不信神的人來說，很難接受禱告的概念。當人們告訴我（他們經常這麼做），他們不信神時，我總是會問他們：那你相信什麼？三十年來，在每個我所詢問過的人們之中，無信仰者會不斷闡明他們的信念，對除上帝之外所定義的某種力量充滿著深刻的信心；但是，那仍然是一種比人類更強大的力量。

對於理性主義者，我只會問：「哪裡有寫說，理性與靈性無法共存於一個人的心中？哪裡有寫說，我們只能從科學或宗教中二選一？」科學或宗教提出的是不同的問題，尋求的也是不同的答案。在《信仰為何重要》（*Why Faith Matters*）一書中，大衛．沃爾普（David Wolpe）引述了科學家史蒂芬．古爾德（Stephen Jay Gould）的話：「科學與宗教是不同的事業，在我們的生活中適用於不同目的。」沃爾普繼續演繹古爾德的觀點，認為科學在於發現事實，而宗教處理的是其他或許更重要的問題，譬如我們為何在此、宇宙的目的，以及那些科學無置喙餘地的事物。

「對於相信上帝的人來說，」人類基因組計畫（Human Genome Project）的主持人法蘭西斯．柯林斯（Francis Collins）評論：「現在，我們有理由比以往更加敬畏上帝了。」

以我們不信上帝是因為我們信奉科學為由，就像在說我們不相信愛是因為我們相信數學，或者說我無法愛我的女兒因為我愛我的兒子，一樣荒謬。宗教和科學是不同的兩回事，不需要此消彼長。「我不會只用禱告來治療癌症，而無視於現代醫學累積的智慧。」我的朋友大衛．沃爾普，這位癌症倖存者在他關於信仰的書中如此寫道，「但我也不會把我的身體視同齒輪與電線囓合的網格動畫，我會吃藥並祈禱，接受檢驗與考驗，並相信萬事萬物的發生皆有其目的，既易於理解又神祕難測。科學與靈性不是對立的，在我們的生命中，兩者往往攜手並進地拯救我們的生命。它們就拯救了我的生命。」

「哪裡有寫說，理性與靈性無法共存於一個人的心中？」

一位名叫蘿絲提的會眾要求見我，我來到她家後，花了點時間與她的丈夫了解情況，然後跟他一起走進她的臥室。蘿絲提因為化療變得消瘦虛弱，一根透明的細管纏繞在耳後及鼻下，把氧氣輸入肺部；她的呼吸淺促而費力，皮膚如薄紙般透明而脆弱。

「拉比，謝謝你能過來一趟，我快死了，所以想見見你。不過我要告訴你，我不信神。」

「沒關係，」我輕聲說，握住她的手。「蘿絲提，那麼請妳告訴我，妳相信什麼呢？」

「獵戶座與大自然。」她不假思索地回答。

「蘿絲提，妳知道《聖經》第一節經文說什麼嗎？」我問她。

「不知道。」

「它說，『起初，神創造天地。』那一定也包括了獵戶座與大自然。所以，當我們的祖先說神開天闢地時，指的就是這個意思。他們的意思是，有某種比我們更偉大且超越我們的事物存在，而我們都是它的一部分，最後也都會回歸到它懷中。蘿絲提，這不就是妳的意思嗎？妳相信宇宙的力量與奧祕，而且妳最終不是也會回歸到超越我們所有人的那股浩瀚無垠的力量之中嗎？如果妳所指的獵戶座與大自然就是這個意思，那麼妳其實是相信上帝的，因為《聖經》只是以不同的話來說相同的事而已。」

「若是如此，那麼我想我相信上帝。」蘿絲提在迷迷糊糊睡著前回答。

曾經告訴我他們不信上帝的人，都相信某些事物：獵戶座、大自然、至高力量（Higher Power）、科學，或者起碼相信夜幕降臨後，太陽會升起。我們都相信太陽會升起，我們對此始終深信不疑。

不管你把戴在手腕上的那個東西叫做手錶或計時器，都沒有關係。我們所說的，都是同一件事物。猶太教認為上帝有七個不同的名字，它們是如此神聖，以至於一旦被書寫下來，就不能被抹除。為什麼要有七個不同的名字？因為，條條大路通羅馬，不管走哪一條路都可以得到相同的結論。你可以選擇任何一個你想要的用語，大自然、科學、宇宙、至高力量、統一場理論、宇宙的統治者，全都是一種超越我們之外也同時存在我們之內的力量，比我們自己的存在更偉大。

地球上是否真有那麼一個人，確實相信我們的命運完全掌握在自己手中，完全不受超越我們的力量所支配？當《聖經》、《可蘭經》或是任何宗教經文引述上帝所言，說「我是上帝」的同時，也會說「……因此你不是上帝」。我們之中沒有一個人是上帝，只有心智極度幼稚、不成熟的人，才會在仰望星空時不會心生驚喜與謙卑。弔詭的是，距離反而可以讓我們看得更清楚，這正是宗教賦予我們的諸多啟示之一。它讓我們有一種超越自我的長遠觀點，讓我們得以置身在更廣大、更深遠的永恆時空背景中，去看待自己的人生與旅程。從那樣的高度來看，我們自己的問題就變得微不足道，同時也讓我們不得不去正視一個事實：我們是某種偉大事物的一部分。

寫下第一批祈禱文獻給上帝的智者，他們身邊圍繞著無數的死亡與痛苦。他們活在一個婦女常因生產而死亡的時代，那個時代沒有纖塵不染的醫院、沒有剖腹產及硬膜外麻醉，也沒有碎冰、DVD。這些婦女就這麼死了。偉大的精神領袖所生活的時代，孩童活不到一歲的情況也很常見，沒有治療感染、帶著泡泡糖口味的抗生素，這些孩童就這麼死了。的確，二千年前沒有中年危機，但這只是因為那時候沒有中年人；長到了十二、三歲就結婚生子、工作養家，到了三十多歲，牙齒全掉光，沒過多久就死了。古人必然跟我們一樣，也知道所有的祈禱都無法讓人不死，知道天地之間沒有一位有求必應的神靈。那不是他們祈禱的原因，也不是我們應該祈禱的原因。

我們祈禱，是為了讓我們自己意識並歎服生命、自然以及愛的存在；我們祈禱，是為了讓我們自己成為悲憫的人類而不是動物；我們祈禱，是為了感謝上帝或任何一個你偏好採用的名稱，感謝祂賦予我們力量，賦予山與海的力量，賦予宇宙與夸克的力量，並帶來孩子們的笑聲、妻子羞澀的笑容、成熟的果實、在陽光下綻放的花朵、每天早晨在我們靈魂中呼吸的能力，以及能夠感受敬畏及驚喜的能力。我們的祈禱是出於感謝，感謝上帝，感謝那股無所不在的力量、影響力或奇蹟，無論你怎麼稱呼祂，祂都賦予我們生命。

我把一句祈禱文寫在卡片上後護貝，在家中四處擺放。這句祈禱文感謝的是每一天能夠安然醒來，每天早晨，在出門開始新的一天之前，我都會默念它。因為大多數的日子，我都會收到電話或電子郵件，通知我某個人因為惡性腫瘤、手術、血塊、斑塊、感染，應該或可能不久人世了（「我們無法確定，但她的生命跡象正在惡化」）。所以，我每天都會透過祈禱來感謝我的身體，並提醒我經受過的劇痛，以及我有多麼感謝我的病痛已大幅好轉，生活也變得更好。我祈禱自己要謹記，曾經有一位四十歲、擁有三個孩子的中年人在心臟病發作後，對我說：「即使壞日子也要把它當作是禮物。」我祈禱，因為有一天必然會有某件事發生在我身上而造成死亡；我感謝我活著的每一刻，直到最後的時刻到來。

丹尼斯．普拉格（Dennis Prager）曾試著把拉比米爾頓．斯坦伯格（Milton Steinberg）說過的話，做以下的解釋：「信奉無私上帝的人必須說明一件事，為何世上會有不公平的受苦；反之，無神論者也必須解釋其他所有的事。」當你面對痛苦時，你可以用任何名字、你所相信的任何事物，向那股力量、那個名字傾訴，說出你的恐懼、悲傷以及疼痛。堅守並抱持你所相信的，它就在你之內、也在你之外。正是這樣的堅守，你必會被溫柔環抱。

把傷痛保留在回憶之屋

愛跟死亡一樣強大。

——《雅歌》（*Song of Songs*）

茱莉・米勒（Julie Maude Miller）的兒子西恩在家中過世了，她的朋友們都希望她能賣掉房子，不再糾纏於回憶之中，放手讓這一切過去，繼續她的人生。以下是她的故事：

當我們罹患癌症的十四歲兒子西恩在樓上起居室的織錦沙發上過世時，我們住在這棟位於愛達荷州斯內克河峽谷附近的房子已有八年了。我們被准許享有一個小恩典，讓他按照希望在家中離開人世。這是我們兒子的庇護所，也是我們的聖殿，見證了我們所有的歡笑與災難。

我為西恩感到驕傲，他沒有把最後的時日花在無菌病房中，在身上插著管子與機器；相反的，他待在家裡的沙發上，沙發就放在錄放影機與電視前面。在他生病後，沙發布因為日復一日的磨損而變薄。對西恩來說，家裡的一切是那麼平靜而熟悉；當他因為太過虛弱而無法上下樓梯時，這裡有他每天可以望出去的窗戶，有開放的樓梯空間讓他聽見樓下傳來的所有動靜。越過窗戶，常常可以看到鹿的蹤跡，冬天牠們會蹂躪我們的灌木叢，但是我們歡迎牠們的到來，分散了西恩的注意力。

我看向廚房的餐桌。我們第一次從醫院回來時，因為西恩的診斷結果而備受折磨。他十六歲的哥哥泰勒，第二天從學校回來後，就一直待在家裡跟西恩玩牌。當西恩的癌症最後一次轉移時，兩個男孩就在這張餐桌上玩牌，那是泰勒離家去空軍學院接受新兵訓練的前一天。

泰勒小心翼翼地把恐懼藏在安靜的面具之後，他很怕再也見不到弟弟了；

西恩一直撐到泰勒六週後回來的第二天才走。當時，西恩已經沒有力氣可以下樓去玩牌了，但他仍努力走到最靠近織錦沙發的臥室，去玩他們最後的一場紙牌遊戲。我的丈夫、女兒跟我躺在上下鋪看他們玩牌，一家人全都擠在小小的房間中。我從來沒想到，看我的男孩們玩牌，可以讓整個心飽脹充盈，溫暖到如此難以形容的地步。

雙層床鋪還放在男孩的房間裡。專心去回想，我仍然可以歷歷如繪地重溫爬梯子到上鋪的情景，那是西恩還沒生病前睡覺的地方。他生病後，開始害怕晚上獨自一人睡覺；而我們的小女兒海莉，她那個規律、溫暖的小世界，也正在承受第一次威脅。因此，我們夫婦在雙人床四周擺放蒲團與床墊，讓孩子們可以睡在我們的房間裡。我們很感激一家人能夠如此親密，那是我們僅存的安全屏障了。

這棟房子擁有這麼多的回憶。在草地上打棒球的夏天，還有投籃、在附近陡坡上滑雪橇的無數美好時光，以及興高采烈迎接的下雪天——不用上學，因為我們住在一條沒有剷雪機清除積雪的道路旁，我們會用自製的肉桂捲與棋盤遊戲來度過那些被大雪圍困的日子。現在，當我打開廚房的壁櫥門時，還可以看到標示著孩子身高的線條與日期：泰勒的在左邊，海莉的在右邊，西恩的在中間（十二歲時，他提早停止了生長，因為放射線阻止了他的發育）。在藉此記錄孩子們的成長時，我們一邊衡量著時間，一邊想像著未來——但我們從未料想到，這個未來竟與我們的期望有這麼大的落差。

從我們失去西恩以後，這些牆面始終耐心地傾聽著我崩潰的哭聲；我在西恩還活著時，都會克制住不在他面前哭，因為我知道，我不能在他面前崩潰。只有我們的小屋聽到我的悲泣，我的哀傷在這裡很安全。沉默的牆面不會跟好心的朋友一樣，試圖使我分心或設法讓我感覺好過些。

茱莉知道也了解真正的悲傷與愛，它們不是為了逃避、分散注意力、感覺好過些，或是繼續過日子，而是為了安頓下來、保持原狀、緊緊抓住我們依舊擁有的——我們的回憶。傷痛是通往空間及時間的通道，為了讓我們記住不忘。這個世界、我們的朋友、教人如何自助的書籍、同事與熟人，全都希望我們往前走，走出回憶之屋，走出這個我們唯一可以留下溫暖並保護我們的所在。這個世界只容許我們擁有那麼少的空間、那麼少的時間去憑弔這一切。悲傷需要花時間去哭泣、等待、思念及渴望，一想到就心痛，在我們的腦海與心靈中留下它們的身影，不用再被要求不要回頭、繼續往前走。記住在被疾病、失智、事故、電腦斷層掃描、醫生、針頭與插管帶走之前的摯愛；記住他們的微笑、嬉鬧、勸告，以及他們穿著最愛的毛衣、坐在最愛的椅子上以及在最愛的餐廳用餐的模樣；記住他們開懷大笑，用力又真實的笑聲，以及他們眼中閃耀的光芒。

傷痛是那棟耐心傾聽著你哭泣的房子，它的牆不會跟好心的朋友一樣，一再試著讓你抽離出來，或想方設法讓你覺得好過些。這些牆會保護並擁抱你，讓你花時間去謹記這一切。

你經受的每次傷痛，都有意義

多數人的目標不該只是覺得好過一些，而是要讓情感得到療癒。

——夏儂．阿爾德（Shannon L. Alder）

不久前在一次會議上，有人問起我正在寫的這本書。我告訴他，這本書談的是痛苦教會我們的事。他反問我，那你的痛苦教會了你什麼，我毫不猶豫地回答：「讓我變成更好的人。」這不是說，我以前有多卑劣或惡質，而是經歷痛苦讓我變得比以前更好。接著，這個人點出了我從未想過的一點。他說，《聖經》說上帝把善意與寬容的言語與戒律放在我們心上。

「為什麼上帝會將這些言語放在我們心上？為什麼不將這些神聖的言語放在我們心中？」他問我。然後，他引用了一位智者的話來回答自己的問題：

「這是因為我們的心像我們一樣封閉，我們無法把神聖言語放在心中。因此，我們把這些言語放在心上，讓它們待在那裡，直到有一天，心碎了，它們自然就會掉進心中。」

我從來就不明白，人們如何能向上帝祈求憐憫與慈悲，自己卻無法做到。慈悲是世界上每個主要宗教的核心精義，一個著名的例子，就是有異教徒跑去找偉大的希勒爾拉比（Rabbi Hillel），要求說：「如果你能在我用單腳站立的時間內，解釋完所有的猶太教義，我就信猶太教。」希勒爾知道單腳站不了多長的時間，於是把自己的世界觀總結成一句話，他說：「己所不欲，勿施於人；其他的教義都在解釋這句話。你自己好好去研讀吧。」

宗教學者凱倫．阿姆斯壯（Karen Armstrong）有自己的解讀：「每個宗教都發展出各自的金科玉律，有時用的是正面的版本——『己所欲，施於人』，有時使用負面的版本——『己所不欲，勿施於人』。直視自己的內心，發現是什麼帶給你痛苦，然後無論在什麼情況下，都拒絕將同樣的痛苦施加在其他人身上。」

作家亨利．詹姆斯（Henry James）的另一種解讀方式，則是：「人生要三大要事：第一是良善，第二是良善，第三還是良善。」其他一切皆無須贅述。

奈及利亞的異議人士、作家克里斯．阿巴尼（Chris Abani）說：「我學到的是，救世主的偉大之姿救不了這個世界，但和善、溫柔、極不顯眼的小慈悲及日行一善的累積卻可以……在奈及利亞內戰期間，我母親帶著五個孩子，花了一年時間從一個難民營換到另一個難民營，費盡千辛萬苦才找到一座小機場，讓我們得以飛離這個國家。在每一個難民營中，她都得對抗那些想把我九歲哥哥馬克抓去當童兵的軍人。你能想像這個身高不過五尺二的女人，就這樣站在持槍想殺我們的軍人面前嗎？

「整整一年，我母親沒有掉過一滴眼淚，一次都沒有。但是當我們在里斯本機場搭機去英國時，有個女人看到我母親穿著一身洗得快破的衣服，身邊還帶著五個看起來飢腸轆轆的孩子，就走過來詢問我母親怎麼回事；母親告訴她真相。接著，這個女人把行李箱中的東西倒了出來，把她的衣服全給了我母親……我母親就哭過那麼一次。我記得，多年後我寫到我母親時，曾經問她：「那時候妳為什麼會哭？」她說：「你知道，為了對抗任何麻煩、任何恐怖，你要讓你的心變得冷硬；但是來自一位陌生人的簡單善行，卻能卸除你的心防。」

「有一天，心碎了，這些神聖的言語就會掉進心中。」

人們常常坐在我的「淚水沙發」上傾訴他們的悲痛，哭著問我：「為什麼？」當他們的淚水是為婚姻而掉時，答案有時會非常簡單。走在婚姻這條路上的途中，他們不再對彼此好了，不再善待對方了。

那麼，要如何維持婚姻呢？做個良善的好人。如何留住孩子們的心，即使他們已經長大成人？做個良善的好人。如何與兄弟姊妹維繫緊密的關係？做個良善的好人。如何擁有朋友？如何受到尊重、事業成功？如何成為自己會引以為傲的那種人——一個真正的你？答案同樣是做一個良善的好人。如今，研究已經指出，當我們真正用心去思考時，我們都會是最好的自己。科學家已經證實，從心臟釋出的某些化學物質會刺激大腦的特定部位，讓我們做出富有同情心的選擇。所以當我們是最好的自己，展現出最人性、最仁慈的那一面時，我們就是用心在思考。

我朋友羅恩．弗里德曼拉比（Rabbi Ronne Friedman）的兒子傑西幾年前自殺了。羅恩是我小時候參加夏令營時，遇到的最酷、最時尚的一個拉比，我後來會成為拉比，部分原因就是我想成為像羅恩那樣的人。以下是他紀念兒子時所寫的部分悼文：「我們都心碎了，無法掩飾自己的支離破碎。我要告訴你們的是，我們知道倘若能幫助我們變得完整，你們每個人都會願意獻出部分的心給我們。我們知道，我們都知道。對我們來說，那是萬有引力定律有一天可能恢復正常的唯一宣告。」

我們心甘情願地獻出自己一部分的心，而對方則充滿感激地接受。雖然友情與愛、關懷與善意可能如潮汐般起起伏伏，但善意永遠是唯一能讓我們所有人繼續前進的動力。

對我們這些在苦難的虎口中存活下來的人而言，不妨把傷痛視為邀請，邀請我們變成更良善、更好的人；更甚者，在我們遭受苦難當下，傷痛也會對我們發出邀請。對於傷痛帶來的機會，我從來沒有聽過比以下這個關於品格試煉的故事說得更好的了。

一群美國商人到以色列後，會見了著名神學院的院長諾森・茨維・芬克爾（Nosson Tzvi Finkel）。其中一位與會者描述了這次的會面過程：

芬克爾拉比罹患嚴重的帕金森氏症，他坐在桌子那頭，很自然地，我們大家都刻意把目光移開，因為不想讓他感到尷尬。就在我們都看往別處時，卻聽到猛敲桌子的聲音：「先生們，看著我，現在就看著我。」現在，我們可以聽到他講話時顫抖的聲調，比肢體的震顫、搖晃更糟；看著他說話，真的令人於心不忍。「我只有幾分鐘給你們……誰可以告訴我，納粹大屠殺帶給我們的教訓是什麼？」

拉比點名一個傢伙來回答，對方顯得手足無措，就像被叫起來回答問題卻沒有答案的五年級生。然後，這個傢伙開始打高空：「我們永遠、永遠不會忘記……」芬克爾拉比顯然嗤之以鼻……我們所有人都低垂著頭、看向別處——你知道的，我們都在心裡暗暗祈禱，拜託，不要叫到我。拉比沒叫到我，但我已經汗流浹背了。他叫了另一個傢伙，這個傢伙回答得極好：「我們永遠、永遠不會再成為受害者或旁觀者。」

拉比說：「你們這些人就是抓不到重點。先生們，讓我告訴你們，人類精神的本質是什麼。正如你們所知，在大屠殺期間，人們以大家想像不到的最不人道方式，被火車運往別處；他們以為自己會被送往勞動營，但我們都知道，他們其實是被送往死亡集中營。在沒有光線、沒有廁所、寒冷刺骨的惡劣車廂中度過了漫長的車程，然後他們抵達了集中營。火車的車門搖晃著打開了，刺目的強光照得他們睜不開眼睛；男人跟女人被分開，母親跟女兒被分開，父親跟兒子被分開，各自去簡陋的鋪位睡覺。他們走進睡覺的地方，每六個人中只有一個人拿到一床毯子，而拿到毯子的這個人上床睡覺時，得決定『我要把毯子分給其他五個人，還是把毯子拉回來蓋在自己身上？』……就是這種決定性的時刻，我們才能了解到人類精神的真正力量。因為，我們會把毯子與其他五個人分享。」然後，他站了起來，「拿起你們的毯子，把它帶回美國並跟其他五個人分享。」

一切具足，每個生命都是奇蹟

世界上有百分之八十的人，每天僅靠著不到十美元過活。

——世界銀行（World Bank）

我下了床
雙腿強壯結實，
也可能是另一種情形。
我吃了麥片、甜牛奶、
成熟無瑕的桃子，
也可能是另一種情形。
我帶著狗上山

來到樺木樹林，
整個早上我做的
都是喜歡的事，
中午我跟另一半
躺下來小憩，
也可能是另一種情形。
我們一起晚餐，
餐桌上擺著銀燭台。
也可能是另一種情形。
我睡在房間的床上，
牆上掛著畫作，
就像今天一樣，計畫著另一天。
但是有一天，我知道，

那將會是另一種情形。

一九九三年，女詩人簡．凱尼恩（Jane Kenyon）寫這首詩時，是在得知丈夫被確診癌症之後。但諷刺的是，一年後死於癌症猛烈攻勢之下的卻是簡，而不是她的丈夫。她所預見的「可能是另一種情形」，終於毫無懸念地出現了，與銀燭台、畫作、樺木樹林或完美無瑕的桃子完全扯不上關係。

傷痛會削弱我們的力量，但重要的是，儘管在傷痛之中、儘管傷痛從你身上奪走一切……你仍要記住，現在的你還是一切具足。愛與良善是你所值得擁有的，你一切具足，你的存在就是一切。

不論我們是深陷在自己的痛苦之中，或是見證到他人的痛苦，每個生命都是奇蹟，我們每天都應該為此而心存感恩，因為有可能會是另一種情形。

波蘭心理學家布爾瑪．蔡格尼克（Bluma Zeigarnik）證實，當你出示一張上面有一個切出楔形小缺口的圓圈圖片時，人們的目光總是會先看往缺失的那個小缺口，而錯過其他大得多的完整部分。在痛苦與失去中，很難去確認剩下來的有多少。但是，如果你想真正地去改變人生，就請把注意力放在你已經擁有的、受到祝福的生活，即便你正處於痛苦之中。

「拉比，只差兩個星期，他就九十歲了。」死者的兒子告訴我，當時我們正在籌備他父親的葬禮。「再過一年，就是我父母結婚六十五週年。」死者的女兒說道。我了解他們的失望，但我也提醒他們，八十九年又五十個星期的生命及六十四年的婚姻，已經很有福氣，非常充實、圓滿又美好了。

當我開始為自己感到難過，而覺得生命對我不公平時，往往會想到我跟一位知名喜劇作家的對話。「這世上沒有公平正義，不論是誰說的，都完全正確。」他對我說，「感謝上帝讓這世上不公不義，如果世上還有公道的話，我肯定在工廠裡賣命，或像世界上大多數人一樣，在某塊田地中彎腰幹活，而不是只靠著耍耍嘴皮子，就有一袋袋硬幣往我頭上丟。」

「度過漫長的一天後，我站在衣櫃前拿衣架，看到灑濺在西裝上的淚痕時，就會回想起當天稍早，我在一座新墳前擁抱某個人的情形。」

當我鼓勵人們要知足時，我知道許多人的心裡會怎麼想。「我們知道你的意思，我們很幸運，我們沒挨餓，也沒住在茅草屋裡。但是我們的人生出了問題，很糟糕、很痛苦的問題。」相信我，我真的了解。我之所以了解，是因為每當電話響起，不是代表有某個家庭需要為成癮的青少年尋找治療計畫，就是想知道我是否認識好的律師，或是某個地方有什麼工作機會。我之所以了解，是因為往往在度過漫長的一天後，我站在衣櫃前拿衣架，看到灑濺在西裝上的淚痕時，就會回想起當天稍早，我在一座新墳前擁抱某個人的情形；而這樣的日子非常多。

「如果你願意，試著想像有一份禮物，」品牌策略專家史黛西·克萊默（Stacey Kramer）在TED演講時說道，「它沒有很大，大約一顆高爾夫球大小……它將帶給你不可思議的體驗，把你的家人聚在一起，你會感受到前所未有的關愛與珍視，並與你多年來從未聯繫的朋友與舊識重新聚首，敬愛與仰慕的感覺將會淹沒你。它將重新調校你生命中最重要事物的順位。

「它會重新定義你對靈性與信仰的感受，你對自己的身體也會有新的認識與信任，你會有無與倫比的活力與能量，你會擴展你的語彙、認識新的人，並且擁有更健康的生活方式。得到這個禮物，你會有一個八週的假期，什麼事都不用做；你可以盡情享用美食，收到一卡車的鮮花，人們還會對你說：『你看起來氣色很好，你有做什麼嗎？』此外，你還會得到一輩子都吃不完的好藥。

「你將面對新的挑戰、啟發及鼓舞，並變得謙卑。」史黛西繼續說，「你的人生將有新的意義：和平、健康、寧靜、快樂及超脫。這個禮物要價多少？五萬五千美元，這是一筆不可思議的好買賣……我大約在五個月前收到這個禮物……一顆罕見的珍寶，是顆腦瘤，血管母細胞瘤，一份不斷帶給你收穫的禮物。

「我現在沒事了，但我不希望你得到這份禮物，我也不認為你會想要。但我不希望一切重來一遍，它以我意想不到的方式徹底地改變了我的人生……因此，萬一你必須面對突如其來的、不想要的、不確定的事時，可以將它想成是一份禮物。」

諷刺的是，相較於順遂的日子，當你罹患癌症或遇上某些嚴峻挑戰時，你反而更容易知足。多數人的人生大半會過得很平凡，而這就是挑戰，因為我們很難去領會，平凡其實有多麼不平凡。

有次我去德州奧斯汀（Austin）辦了一場演講，隔天早晨在飯店吃早餐時，旁邊剛好坐著一位德州議員，我前天晚上演講時他也在場。我們天南地北地就聊了起來，然後我問他一個我認為很常見又恰當的問題，也是大部分的政治人物會被問到的問題：「你計畫競選的下一個公職是什麼？」

「你為何會這麼問？」他質疑我，「我現在所做的事還不夠重要嗎？」

他的回應讓我啞口無言，他說得太對了。

如果你要求我用一句話來定義，身為一個追求靈性的人到底意味著什麼，我會說：「在平凡中領受到神聖。」我所知道的所有宗教與民間傳統，都會有某種與世俗相關的祈禱或祝福等等儀式，其中包括非常生活化的事物，例如共享餐食、迎接日出或新月、在早晨醒來、吃麵包或其他一些簡單的食物。為什麼？為什麼我們會把祝福加諸在麵包這類再普通不過的東西上面？道理很簡單，如果我們都能感謝小小一片麵包，當然就可以對生命中其他更大的祝福及禮物充滿感恩之心。理想上，當我們不再把平凡的小事視為理所當然，我們都能成為最好的自己，一個更明智、更快樂、更成功也更好的人，即便經受痛苦，仍然能夠肯定一小塊麵包的具足、美好以及神奇。

苦難，是孕育祝福的沃土

即使天堂裡有諸多痛苦，所有了解的人仍會渴求它們。

——C. S. 路易斯（C. S. Lewis）

曾經有個對農業一竅不通的人向農夫學習如何務農，農夫帶他來到自己的田地，問他看到什麼。他說，看到了一片美麗的草地，十分賞心悅目。接著，他看到農夫犁耕這片土地，綠色田野被翻掘成一堆褐色的溝渠，他驚呆了。「你為什麼要毀了這片田野？」他問農夫。

「有點耐心，你會看到的。」農夫回答。

農夫給他看一個袋子，裡頭裝滿了小麥的飽滿顆粒。農夫又問他看到了什麼，他描述了這些麥粒如何營養豐富、美味可口，然後再一次吃驚地看著農夫把這些美麗的穀物毀了：農夫在溝渠間走動，把穀粒隨手撒在走過的地上，然後再用泥土覆蓋起來。

「有點耐心，你會看到的。」農夫回答。

「你瘋了嗎？」這個人問農夫，「你先是毀了這片土地，接著又把這些美麗的穀物丟到土裡。」

農夫回答：「有點耐心，你會看到的。」

時間一天天過去，農夫再次把他的客人帶到了田地上。現在，他們看到縱橫的行列上有綠色的莖芽冒出來。客人笑容滿面地對農夫說：「我要向你道歉，現在我知道你在做什麼了，你讓這塊地變得更美麗了，農業真是一門了不起的學問啊。」

「不是的，」農夫說道，「我們還沒完成呢，你還是要有點耐心。」更多天過去了，麥稈長高成熟。農夫帶著鐮刀，把麥稈全砍了下來。客人在一旁看得目瞪口呆，這片井然有序的田地又毀在農夫手上了，換上了一幅被破壞殆盡的醜相。農夫把倒下的作物捆成一束一束，用它們裝飾著這片田地；接著，又把一綑綑的作物帶到另一處，拍打著它們，直到它們變成一大堆麥稈及四散的穀粒。然後，他把穀粒與麥殼分開，堆成了一座小山。他不斷告訴在一旁抗議的客人：「多點耐心，我們還沒完成呢。」

農夫帶來了馬車，往上堆滿穀粒後再運到磨坊，這些美麗的穀粒被磨成沒有形狀的粉末。客人再次抱怨：「你把美麗的穀物變成了令人窒息的粉末。」農夫再一次讓他要有點耐心。

農夫把粉末裝進袋子裡帶回家。他拿出一些粉末跟水混合，客人驚訝地看著農夫愚蠢地製作出白色的泥漿，接著看到農夫把這些泥漿捏成條狀。客人看到這塊形狀完美的麵糰，開心地笑了起來；但他的快樂沒能維持多久，因為農夫生起火，把麵糰丟進爐子中。

「現在我知道你真的瘋了，辛辛苦苦完成這所有工作後，你竟然草率地把成果給煮了。」

農夫看著他開心大笑：「我不是叫你要有點耐心嗎？」最後，農夫打開爐子，拿出剛剛烤好的麵包。烤成褐色的麵包又酥又脆，帶著誘人的香氣，客人的口水都快流出來了。「來吧。」農夫說，帶著客人來到廚房的餐桌旁，把麵包切開，為客人奉上一片塗滿奶油的美味麵包。

「現在，」農夫說，「你應該明白了吧。」

想想你生命中過去或現在，曾經有過的那些最奇妙、最有意義的事；然後，試著從這些很棒的事往前追溯到源頭，看看催生出它們的是哪些苦難。分娩就是從痛苦中誕生出恩賜的一個例子，事實上，許多祝福都在苦難中誕生。舉例來說，我們夫妻能夠相識相戀，是我生命中最神奇的經驗，現在仍是如此，但這場相戀，卻是兩場痛苦的分手所帶來的結果（我與前女友，我妻子與她前男友）。過去的苦難，幫助我們理解彼此的心意。

當我開始有意識地照顧著我的身心狀態時，也是源自於年輕時濫用及忽視身心所帶來的痛苦教訓。如果你問某人為什麼對現在的工作心懷感激，他通常會告訴你，他過去的工作或老闆有多麼令人厭惡；如果你問某人如何成為商場上的女強人，她多半會告訴你，她忍受了多少年的騷擾及故意刁難，為工作付出了多少時間。問問任何一位偉大的發明家或藝術家，是什麼使他們創造出最觸動人心的作品，你聽到的故事中，必然牽涉到批評、懷疑以及深具啟發性的痛苦失敗。

盤點你人生中的幸事，記錄下跟你有關的那些最美好、最棒的事物。你會發現，它們往往是在逆境之火中淬煉出來的。記住人生幸事及祝福多半源自於何處，將會幫助你承受灼熱的試煉之火。

療癒

沒有什麼能比真心誠意的道歉更有力量，
更有療癒人心的作用。
我真的很抱歉，
如此簡單的一句話，
就能釋放被憤怒囚禁的心，
為所有受苦的人照亮通往療癒的道路。

就像愛，大自然也能療癒你

大自然周而復始的循環中，蘊藏著無窮無盡的療癒力。黑夜過後，黎明一定會到來；寒冬之後，必然是春天。

——瑞秋．卡森（Rachel Carson）

加州的約書亞樹國家公園（Joshua Tree National Park）位於科羅拉多沙漠與莫哈韋沙漠的交界處，這兩座沙漠創造出一片巨石散落的奇妙景觀，數百萬年來，在不斷的狂風吹拂與罕見的沙漠洪流沖激之下，所有石塊都被磨圓了。棕褐、淺綠、灰色的岩石聳立於仙人掌般的約書亞樹林之上，最上面就是湛藍的天空。我曾經熱愛的活動，就是在約書亞樹林抱石，抱石就是字面上的意思——找塊大圓石抱住，然後攀爬上去。雙手與膝蓋流著血，腳趾頭楔入岩石的裂縫，然後摸索到一小塊突出的岩石，再用力往上一蹬，把自己拉上去，像爬蟲動物般用肚子爬行，脖子向天空拱起。不管花多久時間，直到爬上去為止。主動出擊、單一的目標、力量以及恐懼，都是抱石活動的一部分，這些特質也是我生活中其他面向的一部分。

動過脊椎手術後，我已經無法再進行抱石活動了。但這樣一來，反而讓我更愛約書亞樹國家公園。我不再以攻略的姿態去健行與登山，而是漫步走進沙漠，挑一塊低矮而不起眼的石塊（沒有任何一位自尊自重的攀岩者會挑選這樣一塊岩石）坐下來，往往一坐就是好幾個小時。

坐在石塊上時，我會以前所未有的方式去觀看、傾聽及感受沙漠。在風吹到我臉上之前，我就聽到颯颯風聲從遙遠的峽谷中一路穿梭而來，還有陽光溫暖著我的身體。我注意到以前從未留意的萊姆綠、紅色、棕色以及灰色的苔蘚植物，覆蓋在岩石表面形成一層硬殼，就像是一九七〇年代的黑光海報般閃閃發光。除了自己的呼吸聲、風聲，我聽不到其他聲音……然後，我會以一種前所未有的方式進行禱告，這是我在手術後新增的活動。

我曾經必須靠著禱告活下去，如今，安靜坐在大自然之中，換成禱告自然而然地來親近我。上帝從遠方、從我內心來到我的身邊。置身於大自然，你會因為自身的渺小、靜默而臣服，與宇宙萬物合而為一，切身的痛苦變得微不足道，你成為更美好、更偉大事物的一部分。

「置身於大自然，你會因為自身的渺小而臣服。」

大自然有它的節律及力量，比任何人的悲傷都來得更偉大，即便那個人是你。眼前暖紅色及蜜黃色的樹葉，在變得枯脆之前會先染上斑點；你知道它們不久將會紛紛落下，成為滋養蓊鬱森林的養分，宛如一場談論生死的布道，見證每個生命階段的風華與價值，而死亡則成為必經的一個過程。

數百萬年不斷吹拂的風，捲起沙粒磨平了巨石邊緣，這教我們意識到人類生命的短暫，也認清我們在偉大的生存劇本中所扮演的角色有多渺小。儘管以人類標準來說，每個人的生命有長有短。大自然從死到生、從生到死的循環與轉變，透過所有的存在規律地脈動著，個人的焦慮及擔憂根本微乎其微。以大自然包容一切的角度來看待痛苦，就會知道我們並非被挑選出來的受苦者，也沒有被賦予豁免權，我們只是萬事萬物所遵循的那個完美律動的一部分。大自然證明了生命永遠都不可能被真正摧毀，成長的強烈渴望是無法被抑制的。大自然給了我們願景及希望，而願景與希望正是療癒的開始。

這就是真相，即便是在看似絕望的奧斯威辛集中營也一樣。維克多・弗蘭克（Viktor Frankl）在《活出意義來》（*Man's Search for Meaning*）一書中寫道：「有天晚上，我們已經在小屋地板上休息，手中拿著湯碗，精疲力竭；有個同伴衝了進來，要我們到外頭的集合場去看美妙的夕陽。

「站在外頭，我們看到西邊層疊翻騰的烏雲逐漸散發出光芒，隨著雲朵不斷改變形狀與顏色，整個天空鮮活了起來，從鋼青轉變成鮮紅，與我們荒瘠的灰泥小屋形成鮮明對比，而泥濘地面上的水坑則映照出熾紅的天空。

「在幾分鐘的靜默與感動的氛圍中，有個囚犯對另一個人說：『這世界竟然可以如此美麗啊！』」

寬恕他人，才能放過自己

大部分人在受傷時都表現得很糟糕。如果你能記住這些創傷，就更有可能去原諒這種行為。

——喬納森・薩弗朗・福爾（Jonathan Safran Foer）

喬伊・凱（Joe Kay）的那場事故已經是十多年前的事了，但我仍然常常想起來。我從來不會去關注本州的高中籃球比賽，更別況是鄰州，因此完全不知道喬伊除了是一位出色的學生、音樂家及人道主義者，還是亞利桑那州的最佳球員之一，也完全不知道在那場籃球比賽後發生在他身上的事。

以下是《運動畫刊》（*Sports Illustrated*）對這場事故的報導：

二〇〇四年二月六日晚上，喬伊．凱宛如一根高六．五英尺、重一百七十五磅的旗杆，他的巨人灌籃使得土桑高中躍升為對陣本州強隊薩爾伯特高中的勁敵……

哨音響起，一千名混亂的群眾蜂擁向前，密密麻麻地衝向場內，這群神智不清的男孩瘋狂地往喬伊．凱衝過來。他們衝撞得太用力了，喬伊試著俯身保護自己，但有兩個傢伙全速衝上來把他扭住並摔倒在地，接著十幾個人一擁而上壓倒在他身上。喬伊的身體因為嚴重扭傷送進了醫院，他的右側癱瘓了……

「這是非常嚴重的永久性傷害。」醫生說道……

「沒有理由，」喬伊說，他現在走路、說話及思考都有點遲緩，「事情就這樣發生了。發生在我身上的事爛透了，但我不願意老是想著它。你能怎麼辦？我的意思是，比起在蘇丹、印度發生的事，它又能糟到哪裡去呢？」

這篇報導刊出時，距離喬伊．凱受傷已經過了一年半，那時只有一件事是他仍然想知道的。他想知道，那兩個擒抱他、把他摔倒在地的傢伙，什麼時候才會跟他道歉。「我的意思是，我知道他們不是故意的。」他說，「我不想控告他們，但還是令人沮喪。我只是認為，他們應該要親自跟我道歉，這麼一來，相信大家都能好過些。」

有天早上，在我跟二年級的學生見面時，我告訴他們，雖然他們才二年級，還有很久才會參加SAT測驗，但他們應該已經知道英語中最難說出口的話就是：**我很抱歉；請原諒我；我接受你的道歉**。

想想下面這個關於跨國公司老董的笑話。他會在年度股東大會之前，把所有親友找來參加公司的董事會，然後讓他們在會議室中集合，抽空對他們說：「如果我過去一年曾經做過或說過什麼冒犯到你們或傷害到你們，我只想說，那是你們太敏感了！」為什麼開口說聲抱歉，會如此困難呢？

一個理由是，我們的社會會處罰道歉者，醫生就是一個很好的例子。一位爭取侵權法改革的醫生說道：「隨便一句『我很抱歉』，都可能成為怪罪醫生的話柄，造成醫生與患者失和。如今醫生會被告知，不管出什麼差錯，只要閉上嘴巴並伸出拳頭就好。」

因此，我們許多人即使沒有訴訟風險，在出了事情後，也會採取「閉上嘴巴、伸出拳頭」的方法，不論我們面對的是另一半、兄弟姊妹、孩子、朋友都一樣。正如不能輕縱的法律體制，在一個不輕易原諒他人的社會、婚姻及家庭中，我們都害怕自己會因為說了「我很抱歉，請原諒我」而受到懲罰。

但你知道嗎？美國有三十六個州找到了解決之道，通過了所謂的無過失道歉法案（no-fault apology laws），讓醫生能夠為錯誤道歉，而不用擔心他們的道歉會被法庭採用作為不利他們的證據。兩年之後，科羅拉多州通過了一項無過失道歉法案，醫病之間共一百四十八次的道歉只造成了一起訴訟案。正如一位律師所言：「如果醫生坦率且正直，能夠發自內心地對待病人，對許多人來說就已足夠了。」

事實上，很多人只需要一句真心的「我很抱歉，請原諒我」就會息事寧人，而隨著無過失道歉法案的到來，醫生也開始樂於說出這句話了。想像一下，如果我們也能把無過失道歉法案的精神用在家人親友之中，那麼父母子女、兄弟姊妹、丈夫妻子、朋友與夥伴之間就能放心地說「我很抱歉，請原諒我」，和平解決問題就不再遙不可期。想像一下，如果我們願意接受真誠的道歉，和解就真的可能發生。難道我們寧願餵養憤怒、拒絕原諒，即使對方真誠地請求我們的寬恕？難道我們要放開這個選項，在有人道歉後再翻出陳年舊帳，只為了圖一時之快而把我們所愛的人推得更遠？或者，我們可以選擇耶穌門徒馬太的方法？他說：「所以，你在祭壇上獻禮物的時候，若想起弟兄向你懷怨，就把禮物留在壇前，先去同弟兄和好，然後來獻禮物。」（《馬太福音》第五章第二十三、二十四節）

我在主持婚禮時，每次對新人說的話都不盡相同，但有些話是我每次都會說的。我會告訴新人們，步入婚姻後，幾乎沒有一件事是永遠不變的：工作會變動，房子會變動，錢財會變動，健康會變動，這個世界也會變動。甚至孩子，就像當初他們走進我們的生活一樣，日後也肯定會以某種方式離開我們身邊（新郎與新娘雙方的父母，已經悲喜交加地意識到了這一點）。但是，只要堅守住某件事，他們的婚姻就能歷久彌新，帶給他們最深刻的愛與滿足感。答案就是友誼，真正的友誼幾乎完全取決於寬恕他人的能力。能夠真心說出「我原諒你，我愛你」，是維繫感情的一個巨大挑戰，也是送給所有家庭的一份大禮物。

尼爾是我高中的朋友，他的祖父用簡單的一句話來總結寬恕的概念，我一直記得這句話。他說的是：「逝者已矣，來者可追。」試想，你擁有一個稱得上美滿的家庭，讓你能安心、真心地說出「我很抱歉我犯了錯，請原諒我」，錯誤就能到此真正告一段落。一旦道歉被接受，彼此的隔閡就能消弭。

如果你相信上帝，就該知道，上帝也是這麼想的。對於真正悔改的人，上帝也會說：逝者已矣，來者可追。所以，上帝會寬恕所有人，那麼我們呢？或是你認為，寬恕只是上帝的事？有時，我會聽到那些被所愛深深傷害的人反駁：「但是拉比，你不知道她做過什麼！」「你不了解當初他是如何背叛我的。」或「你知道她有多麼惡毒及墮落嗎？」「你知道他說過什麼嗎？」「你知道她的無理要求嗎？」「寬恕是美德，但是拉比，我現在做不到，未來也做不到。」

對於這些回應，我只能說：「那麼你自己呢？你很完美嗎？你從來沒有在盛怒之下甩過門，或是從雙唇中射出冷箭傷人嗎？你從來沒有傷害過你口口聲聲說愛的人嗎？你怎麼能在上帝或他人面前，索求你不願意付出的東西呢？」

「誰的罪是可以被寬恕的？」智者們問道。答案是，為自己的罪行真心懺悔的人。請求我們寬恕的人，必須真心感到愧疚並保證永遠不再犯同樣的錯誤；能夠做到這樣，我們就有義務去寬恕對方。但請注意，寬恕並非遺忘，沒有人能夠要求你一定要忘記。寬恕不能要求我們消除犯錯的記憶，但寬恕可以減輕痛苦。

有位智者的解釋是，犯錯就像是把釘子釘進木箱，而悔改與寬恕就是把釘子拔出來。釘子拔出來了，但釘孔仍然會存在。同理，寬恕無法抹除過去，但確實能創造出一個截然不同的未來。

我朋友的姊姊亞麗，教會我如何放下憤怒。亞麗是漂亮的空姐，熱愛四處旅行的生活，一趟旅行她可能會同時打包雪靴及比基尼，因為她可能今天人在阿拉斯加，第二天就到了夏威夷。然而，在她被診斷出得了一種病變部位罕見的鼻咽癌後，一切都改變了。手術與放療讓亞麗不能說、不能聽，甚至無法進食。為了能夠順利呼吸，她切開了氣管，導致了右臉顏面神經麻痺。

亞麗的身體每況愈下，有一年多的時間，我差不多每個星期都會去探視她。我們透過筆電溝通，這種溝通方式比起直接對話更細膩、從容，也更強大。我打完字後，把筆電遞給亞麗；我聽到她先是深吸了一口氣，然後乒乒乓乓地敲鍵盤。接著，我會細讀她的回覆內容，仔細想過後再敲鍵盤回覆她。不過，敲鍵盤的聲音，她完全聽不到。在我們手中傳來傳去的那台筆電，就像某種獻祭品。我們談的許多話題包括各方面的痛苦、受苦、如何掙扎著活下去，以及為什麼都已經不能說、不能聽、無法進食了，活著還是很重要。亞麗在中風後又進行一次手術，在她四十六歲去世前，我們正打算把我們之間的對話整理出版。

「憤怒會讓你費盡氣力、元氣大傷。」

有一次我們用筆電聊天時，我問亞麗是否對自己又聾又啞的情況感到憤怒，以下是她的回答：

是的，我很憤怒。我不想因為不能說不能聽，就被當成孩子般對待。我恨發生在我身上的事，但我不能一直生氣下去，因為在口不能言的情況下，表達憤怒是那麼困難。反之，表達愛簡單多了，我只需要面帶微笑，握住探視者的手，或用手臂摟著她們。我可以很容易做出「我愛你」的嘴形，不用發出任何聲音……感受同樣能湧上心頭；沒有聲音你也能做到這些。但是，憤怒就不同了，憤怒會讓你費盡氣力、元氣大傷。

我們可以從不能說、不能聽的亞麗身上學到什麼？是我們更適合也更善於表達愛，而不是憤怒？是我們不再透過錯誤與憤怒的言語去懲罰對方，我們的未來就可能截然不同於過去？或是，當我們拔掉釘子、寬恕對方，張開手臂、敞開心房，愛就不會日漸消逝？

我們有能力拔掉刺穿親情及友情的釘子，因為寬恕不僅與我們必須負責的過去有關，也與我們的未來有關。不管是親情或友情，後續的發展我們都負有責任。拔出會拆散你與所愛的釘子，因為不懂寬恕，愛就會褪色。

沒有什麼能比真心誠意的道歉更有力量，更有療癒人心的作用。**我真的很抱歉**，簡單的一句話就能釋放被憤怒囚禁的心，為所有受苦的人照亮通往療癒的道路。

自我療癒前，勇敢說我錯了

贖罪的能力始終都是最了不得的一項人類特質。

——里昂・尤里斯（Leon Uris）

一年之內，接連有兩個家庭失去所愛，都是在過馬路時被撞死。一個是剛從電影學校畢業的安德魯，他在聖誕節這週與朋友約好慶祝。那天晚上出門前，他給了父親一個大大的擁抱，並且說道：「我愛您，老爸。」幾個小時後，他就被車子撞了，駕駛肇事逃逸。肇事女司機的工作地點距離安德魯父母家不遠，後來被指認出來並接受審判。以下是安德魯父親在量刑聽證會上對法官所說的話：

庭上，我今日是以父親的身分發言。十三個月前，有位警官上門通知我們：「你兒子被發現躺在車道上，已經緊急送到加州大學洛杉磯分校附屬醫療中心。」

等我們到了醫院，有位女士跟我們說：「你們的兒子已經腦死了。」我們就這樣被迫知道了這個噩耗。

接下來四天，我們跟朋友一起禱告，希望能夠出現轉機。最後，我們抱著兒子殘破的身軀，讓他在我們懷中斷氣。我說殘破的身軀，意思是我的孩子有部分頭骨被移除了，骨頭從他的小腿穿刺而出。他被一輛三噸重的車子徹底摧毀。在這樣的悲痛中，我一遍又一遍地想，我們要如何維繫這個破碎的家庭？

我的兒子喉嚨插著管子，奄奄一息地躺在床上，他的朋友一個接一個地來向他道別，面對眼前的慘狀沒有害怕、遲疑或退縮，這樣的畫面深深烙印在我的心中，我終其一生都無法忘懷。

我們埋葬了兒子，舉行了一場溫馨的追悼會，他的朋友有一千五百多人參加，這樣的場面，使我們得以保持理智而不崩潰。

當你談到撞了就跑的肇事逃逸，你指的是把人視同動物一樣地開車輾過，然後把他留在馬路上被一輛又一輛的車子輾過去。你會自問，究竟是什麼樣的人才能做出這樣的事，把一副受傷嚴重的身軀留在路上，開車回家後，隔天再換一輛車子開去上班？是什麼樣的人在距離我家四個街區的地方工作，每天在報紙上看到我們的痛苦而完全無動於衷？

終於，警方得到線報，在房子中發現了一輛重新上漆的車子。我知道法庭有一份錄音帶的文字稿，那是被告在不知情的情況下，在警局被錄下來的。這件案子中的主要被告是妻子，她是這麼跟她丈夫說的：「你只要在每件事上都撒謊就對了，閉緊你的嘴巴，不要承認任何事。」

斯卡格警官警告他們：「繼續在這裡玩猜謎遊戲，你們兩個都會吃牢飯。我保證一個星期內，就可以拿到你們的電話紀錄，它會讓我知道當時妳人在哪裡、妳丈夫在哪裡。一旦我查清楚妳當時就在安德魯出事的那條路上，我會把妳送進監獄，妳丈夫也會因為說謊而一起去坐牢。」

那個妻子說：「我不知情，這件事我什麼都不知道。」

斯卡格警官說：「妳必須做對的事。」

「我沒有什麼好說的，也沒有什麼可以告訴你。我又不知道發生什麼事，要我怎麼告訴你？」

斯卡格警官說：「當時妳就在車上。」

「我那天上班開的是一輛紅色的車子。」她不只否認，還對車子的事撒謊。

斯卡格警官說：「妳被關後，想睡下鋪或上鋪？」

抄寫員寫道，這時她開始竊笑。

一直以來，我都想相信人性本善。稍早面對媒體時我說過：「如果妳站出來，我會盡我所能去理解，這或許會撕裂我的心，但我會努力去做。」我是真的這麼打算的，因為我知道人們可能會因為害怕而犯錯。我也說過：「如果妳沒有站出來，我的感受會完全相反。」這就是我今天的感受，完全相反。幾個月下來，這些人每天都有機會做對的事。人們總說判決會讓我們家人感到寬慰與解脫，但是並沒有；現在，我們每天都要做痛苦管理。以上，就是我要說的。

每天都要做痛苦管理，這就是女司機在肇事逃逸後，安德魯一家人每天都必須面對的挑戰。

第二樁事故的肇事者叫凱倫，她做出了一個完全不同的選擇。以下是她對這場意外的說明：

我今年五十歲，有三個分別為十九歲、十六歲及八歲的孩子。我創作的一本童書，被全國各地的學校採用；我先生是電視節目製作人。我曾經在華府從事遊說工作，與我們的參議員握過手，也走過金球獎的紅毯，聽我的孩子們吟誦猶太教律。我的生活完美，唯一的問題是，應該說它看似完美。

當時我正開車載著兒子，同時也在等著一通關於孩子遊戲日的回電。手機從中控台掉到地板上，以前也發生過這種情形，但那一天我的運氣不佳。我伸手往下摸索，抓到手機時，正好看到一個男人走在斑馬線上，他做的是該做的事，而我不是。在我把他的身體撞飛並掉落地面後，我只有兩個念頭：「上帝啊，請讓他平安無事」以及「我的人生毀了」。

八十三歲的比爾幾乎全身骨折，髖部、脊柱、顱骨、肩膀及手腕無一完好，還有內出血。我每天都會打電話到醫院詢問他的狀況，但我見不到他，也不能送花，因為我不受歡迎。我能做的，只有哭泣與禱告。我打給交警：「我受不了了，我必須親自跟他們道歉。」五分鐘後他回電跟我說：「他剛剛走了，妳最好給自己找個律師。」我的律師說，我極有可能坐牢。

比爾的遺孀告訴法官，她不想讓有三個孩子的母親去坐牢，所以我被判處要做三百六十個小時的社區服務，對孩子們說明一邊開車一邊傳簡訊的危險。連續幾個月，我每週有三天、每天有八小時要去淨灘；我跟其他的違法者（包括逃稅、吸毒及入店行竊）一起走過海灘撿拾垃圾。我打掃廁所，撿拾髒污到不忍卒睹的垃圾，並且終於明白為何會把體力勞動當作懲罰的這個想法。這種贖罪的苦行，讓我有地方可以發洩每天揮之不去的焦慮感。

一起淨灘的那些人，對我產生很大的影響。無家可歸的喬伊每天都在噴水池洗頭，讓自己留點顏面；持有毒品而被逮的蘇琪，現在架設了一個網站，專門賣自己設計的飾品；休蘭達打掃廁所的功夫一流，遠勝過我所認識的所有人。在開始贖罪之前，我在比爾家人的眼中，跟怪物無異；但到了最後，我終於可以再度把自己視為一個容易犯錯的普通人。

臨近猶太贖罪日（Jewish Day of Atonement），想到要坐在教堂、面對上帝，就讓我恐慌；我曾致人於死，感覺上帝的手正指著我說：「就是妳！」

不知所措的我開車回到西諾（Encino），那是我童年居住的老家，我年輕時急於逃離的地方。我熄火停車，開始無法控制地啜泣，雙手顫抖，耳朵轟鳴，覺得上帝正在目睹一切，自己彷彿陷入了萬夫所指的困境：我撞死了人，奪走了一條性命。我打開車門，站在家門前，這裡是塑造出我所有特質的地方，然後我大聲說出：「上帝，我就站在你面前，請聽聽來自我心中的懇求。」

「我大聲說出：『上帝，我就站在你面前，請聽聽來自我心中的懇求。』」

我去了墓園，在附近坑坑窪窪的草叢中渾身發抖。我站在墓前請求比爾的原諒。心理治療師艾史黛爾．法蘭克爾（Estelle Frankel）在《神聖療法》（*Sacred Therapy*）一書中，曾提到猶太教禮拜用的羊角號，聽起來就像是一個努力修復自我的人所發出的悲鳴……那正是我在贖罪日那天的寫照。

當我在贖罪日那天坐在教堂時，發生了一件事。我發現自己以前從未真正注意過的六個字：願上帝祝福你。如此簡單的一句話，讓我這個撞死比爾的女人，即使犯下可怕的罪行，仍然相信可以接收祝福……讓自己變得更好；而如果我可以變好，或許我就能接受來自家人、朋友的愛與支持。如此一來，或許我可以有能力再愛人，然後可以開始愛我自己，並且學會原諒自己。

除了刑事及民事刑罰，凱倫還額外地選擇了法庭沒有要求她去做的事。我會知道，是因為比爾的遺孀海倫打電話給我，她是納粹大屠殺的倖存者，也是我的會眾之一。

「拉比，撞死比爾的那個女人問我，她能否來見我們，當面祈求我們家人的寬恕。我不想見她也不想原諒她，拉比，但如果你告訴我，我應該這麼做，那麼我會答應她。」

「妳應該這麼做。」

「我就知道你會這麼說，那你能來陪著我嗎？」

「可以。」

我們四個人碰面的前一個星期，我先去見了凱倫母子，想透過猶太律法的懺悔與寬恕來開導他們，並讓他們做好心理準備。偉大的拉比摩西．邁蒙尼德（Moses Maimonides）將其中的精華提煉成四個步驟，如果能真心誠意地完成這四個步驟，隨之而來的結果就是寬恕。

第一，停止。停止你所從事的任何毀滅性行為。如果你正在對別人發脾氣，馬上停下來；如果你邊開車邊發簡訊，馬上停下來；如果你正八卦地閒言閒語，馬上停下來；如果你對另一半不忠，馬上停下來。

第二，真心悔恨你的錯誤；為了錯失成為最好的自己而悲傷。對你所造成的傷害感到抱歉；當你深感內疚時，別逃避內疚帶來的痛苦，面對它，感受它。

接下來，大聲坦承你的錯誤並尋求寬恕。你不必選在猶太會堂、教堂或清真寺認錯，但它是必做之事。大聲向上帝坦承，而不光是在你的腦袋裡想；告訴上帝無論你做錯什麼，你深感抱歉。然後，你必須去找你所傷害的人，說出對我們多數人都很難大聲說出的三個字：「我錯了。」對你的朋友、妻子、丈夫、孩子、父母、陌生人以及最高的審判者，大聲說出這句話。只要能說出「我錯了」，就可以改變一切。

最後，制定計畫。找出一個方法以確保同樣的錯誤不會再發生。把手機放進車子的雜物箱；找出治療成癮的方法；為失衡的家庭關係找出解決之道；每一次當你開始八卦或對他人說了不友善的話，就支付一筆罰金。無論你犯了什麼錯，都要制定計畫絕不再犯。完成這四個步驟，被稱為「完全回復」（complete return）。

我還教導海倫母子一件事。根據猶太法律，當像凱倫這樣的人，為求寬恕而真心誠意地完成了所有四個步驟，卻遭到三次拒絕後，就不需再對她所犯下的罪行負責了。反之，不願意接受她真誠道歉的人，會因為積怨在心而被視為有罪之人。

四人約好見面那天，凱倫看起來非常脆弱而害怕。她先開口：「在審判之前，我不能跟你們說話。現在這一切都結束了，我希望你們能知道，我對比爾、對你們家人所做的事，我有多麼抱歉。這都是我的錯，我錯了，自從那可怕的一天之後，我竭盡全力去做好每一件事，但我知道這無法讓他起死回生、回到你們身邊。我非常非常抱歉，我乞求你們能原諒我。」

海倫的兒子巴比，是一個長得像泰迪熊、留著鬍子的大男人，他接著說道：「我可以問妳一個問題嗎？」他想知道，「妳兒子還好嗎？在意外發生的那一天，他看起來很害怕。」

「他還好，雖然無法跟從前一樣，但他還好。」

「我可以抱抱妳嗎？」巴比主動提出。

他站起身擁抱凱倫，凱倫在他寬大的懷抱中開始啜泣。海倫也站了起來，朝凱倫走過去，她用雙手捧住凱倫的臉，親吻凱倫被淚水浸濕的臉頰，然後說：「上帝祝福妳。」多麼強大、美好的場面，而且……終於塵埃落定了。海倫第二天打電話給我，說這是她三年下來第一次可以一覺到天亮。

身為作家、兒子、父親、丈夫、拉比及男人，我早就知道，最重要的事要以最精簡的話語來說。**我愛你；我就在這裡；不要；好的；說定了；他走了；是個女孩；我錯了……**這兩起事故的差別，就在於兩句簡單的話語；「在每件事上都撒謊就對了」以及「我錯了」。前者帶給受害者家人的是日復一日椎心刺骨的痛苦，而後者卻是雙方面的療癒。

所有讀者中，會犯下肇事逃逸、撞了人就跑的人可能少之又少，但是，我們往往會傷了人就跑。我們都曾經把某人的情感當成被車子無情輾過的動物，傷害後就逃之夭夭，不當回事。當我們站在至高的審判者、我們自己以及所愛之人面前時，我們能否強大、勇敢、誠實到足以說出「我錯了」？你可以真心誠意地說出這句話嗎？你可以大聲地說出這句話，好結束你破裂的友誼、慘痛的生意、陷入麻煩的婚姻中那令人難以忍受的心碎嗎？我們能否對不相往來的手足、互相傷害的親子、曾經傷害過的人大聲說出這句話？

「我錯了。」凝視著彼此淚光晶瑩的眼睛，說出這句話。擁抱彼此，相互療癒。願上帝祝福你。

你並不特別，放低你的姿態

唯一能獲得的智慧是謙卑：謙卑是永無止境的。

——T. S. 艾略特（T.S. Eliot）

許久前由智者寫成的一個民間故事，觀察到「有金庫用一個模印鑄造了許多硬幣，所有硬幣都長得一模一樣。但聖者（Holy One）塑造出的每個人，卻沒有兩個人是一模一樣的。為此，每個人都可以說：『世界是為我而創造的。』」每個人都要把這句話放在口袋中，提醒自己擁有偉大而獨特的潛力。

這樣的故事的確存在，「世界是為我而創造的」也是所言不虛，可以正確看待我們自己以及我們在宇宙中的定位。然而，這個故事只說了一半，正如俗話所說：「半真半假與謊言無異」，完整的真相是，倘若你只相信「世界是為我而創造的」，就會變得自戀自大，沒有半點好處。野心、自信以及我們對身為萬物之靈的信念，只有在同等程度的謙卑相伴之下才能相益得彰。再沒有比巨大的心理或生理痛苦，更讓人深感謙卑了。當生命分崩離析，一個自大的人會問：「為什麼是我？」而一個謙卑的人問的是：「為什麼不是我？」所以你認為，誰會在面對苦難時更從容呢？

虔誠基督徒的目標，是倣效基督的謙卑。他只不過是一名木匠，騎著普通的驢子，還為門徒洗腳，並說道：「我在你們中間，如同服侍人的。」（《路加福音》第二十二章二十七節）。《可蘭經》也提醒我們：「至仁主的僕人是在大地上謙遜而行的；當愚人以惡言傷害他們的時候，他們說：『祝你們平安。』」（《可蘭經》第二十五章六十三節）

亞伯拉罕同為猶太教、基督教與伊斯蘭教的先知，後兩者源自古代希伯來人的宗教及《希伯來聖經》；亞伯拉罕對自己的定位，與「世界是為我而創造的」截然不同，比如他說「我不過是灰塵」（《創世紀》第十八章二十七節）。智者要求我們把「世界是為我而創造的」這句話放在口袋裡，同時也教導我們，把亞伯拉罕的「我不過是灰塵」這句話放進另一邊的口袋。這是智者所認為理想的生活，他們想像人就應該這麼過日子，以謙卑來平衡妄自尊大，以自尊自重來平衡過度的謙卑。

那麼，《希伯來聖經》中的另一個偉大人物摩西，又是怎麼說的呢？看看《摩西五經》（*Pentateuch*）的最後幾節經文：「以後以色列中再沒有興起先知像摩西的……又在以色列眾人眼前顯大能的手，行一切大而可畏的事。」（《申命記》第三十四章十、十二節）。顯大能、行大而可畏的事，那就是摩西，但他的力量從何而來？上帝為何選擇他？答案就在於謙卑。當他第一次出現，就如《聖經》所描述的：「摩西為人極其謙和，勝過世上的眾人。」（《民數記》第十二章第三節）。謙卑可生出強大的力量，而且是最偉大的力量。

當然，要做到謙卑並非易事，它往往是不堪的尷尬與痛苦所導致的結果，也是驕傲必須付出的代價。想像一下，有個深受教區信眾敬愛的牧師，在當地報紙登出一篇跟他有關的文章後，一個女信眾送了他一張滿溢讚美之辭的卡片，盛讚他的布道講得好，更將他與《聖經》中的偉大先知相提並論。最後，她寫道：「我認為你是有史以來最偉大的布道者之一。」

這張卡片讓牧師的自我感覺十分良好，他志得意滿地拿給妻子看，並且問她：「親愛的，妳認為在所有的牧師當中，到底有幾個偉大的布道者？」

牧師的妻子低頭看看那張卡片，再抬頭看看她的丈夫，然後回答：「比你以為的要再少一個，親愛的。」

二〇一二年，衛斯里高中（Wellesley High School）的英文老師大衛．麥卡洛（David McCullough, Jr.）為畢業生演講時，這麼告訴台下的學生：

你們之中沒有一個人是特別的，你並不特別，也沒有與眾不同。儘管你的足球獎盃與輝煌的成績單暗示著你的表現出色，儘管你確信世上存在著某種胖嘟嘟的紫色恐龍，還有親切的羅傑斯先生（Mister Rogers）以及古怪的希薇亞阿姨（Aunt Sylvia）*，儘管你的女超人屢屢從天上飛下來救你……你還是沒什麼特別的……

即便你是萬中選一，但地球上有六十八億人口，這意味著世上有將近七千個像你這樣的人……你所處的星球，容我提醒你，並不是太陽系的中心，你的太陽系也不是銀河系的中心，你的銀河系更不是這個宇宙的中心。事實上，太空物理學家肯定地告訴我們，宇宙並沒有所謂的中心；因此，你當然也不可能是宇宙的中心。

這並非人類史上第一次有人提醒我們，我們不是宇宙中心，早在二千五百年前，上帝就跟約伯講過同樣的話。根據神話學家約瑟夫・坎伯（Joseph Campbell）的解釋，《約伯記》中的上帝表現蠻橫，跟魔鬼打賭，對這個叫約伯的好人極盡傷害之能事，而這個好人仍對祂不離不棄。最後，上帝奪走了約伯的財富、事業、家庭及健康。約伯的朋友對他說：「你一定有罪。」

約伯說：「不，我沒有，事實上，我一直信奉上帝。」後來約伯忍不住質疑上帝：「我是個好人，上帝，為什麼是我？」

上帝現身了，祂有說「瞧，我打了這個賭，你表現得很棒」嗎？祂有試圖為自己辯解嗎？都沒有。上帝說的是：「你有大能嗎？我有。你能用魚鉤釣上鱷魚嗎？我可以。你能讓海浪不越過岸邊嗎？你能讓太陽升起嗎？試試看。」換句話說，「誰是那渺小的人，以他微不足道的思想、理性、判斷去質疑宇宙也要有人類自以為是的正義，也要有人類的特質？宇宙神祕難測，而我就是它。」

「我使雨降在無人之地。」上帝提醒約伯，人類不是上帝唯一要關注的，只有傻瓜才會這麼想。上帝彷彿是在告訴約伯：「如果你希望能有智慧並與宇宙和平共處的話，要謙卑，知其份。」

對此，約伯的回答是：「我聽到你了，現在我看見你了。」在面對上帝與宇宙

＊編按：Mister Rogers 是兒童電視節目主持人，Aunt Sylvia 是電影《快樂天地》（*This Happy Breed*）的一個角色。

的奧祕時，約伯他放棄了身為人類所做出的評斷。

我常常告訴我的會眾，他們每個人及所有人類，內在都有一絲偉大的神聖火花；我們每個人都是偉大的、獨特的，整個世界都是為我們而創造的。我會這麼說，然後提醒他們要克制，因為他們只不過是歷史一眨眼之間的一顆微粒。

人類經驗的智慧、力量及深度，告訴我們這兩種相反的信念都是正確的，這也是為什麼我們會需要兩個口袋，提醒我們每個人要同時實踐這兩種信念——我們既偉大，但又什麼都不是。「世界是為我而創造的，但我不過是灰與塵。」在兩種觀點之間拉扯的張力，引導著我們面對痛苦時有真正的智慧及能力，而不會產生被選中或受詛咒的感受。既不是完全以自我為中心，也不是滿心都是自我懷疑，這樣的人才可以擁有成功的生活，因此，我們需要兩個口袋。

全世界最宏偉的大教堂、參天的紅杉、聳立的山脈以及遼闊的海洋，既激勵著我們，也讓我們感覺渺小。高山仰止、謙沖自沐，這才是我們最理想的狀態。所以，懂得自我質疑才會如此重要，你要質疑自己，質疑你單方面的說法，質疑你的看法並非唯一的觀點。寫穆罕默德傳的作家萊斯麗・海澤爾頓（Lesley Hazleton）表示：「濾除所有質疑之後，剩下的並非信仰，而是絕對的、無情的信念。」又說：「無論他們自稱是基督徒、猶太教徒、伊斯蘭教徒、好戰的極端份子，但其實他們都不是；他們屬於自己的教派……那不是信仰，而是狂熱主義。我們必須停止混淆這兩者。」缺乏謙卑的強大力量不再偉大，而是希特勒、史達林、毛澤東、賓拉登、阿薩德（Assad），也是輕蔑的上司、罪犯、虐待子女的父母，以及冷漠、無動於衷的配偶。

你想療癒你的友誼與家人的痛苦傷口嗎？那麼，請在你自以為是的心態中注入若干質疑的成分，唯有質疑能使我們去思索：**或許問題出在我身上；或許她是對的；或許他確實有他的道理，或許我太刻薄了；或許我過於嚴厲、缺乏安全感、自以為是、驕傲自負或咄咄逼人；或許我真的錯了。**

「愚蠢和驕傲經常一起出現，不是沒有原因的。」

我的名字繼承自死於二次大戰的叔公，而我的希伯來全名中還包括我父母的姓名：阿莉亞（Ariyeh）及貝希法（BatSheva）。所有的希伯來名字都會嵌入父母的名字。我的名字幫我記住了我的父母，他們兩人各自逃離貧窮、施虐的家庭，在十七、十八歲時結婚，並在三十歲前生養了五個孩子。我在一個勞工階級的家庭長大，在那樣的家庭中，對錯很重要，勤奮工作很重要，誠實與公平很重要，愛國主義很重要。當我困在沙漠的十字路口而不知道該走哪一條路時，我會記住自己從哪裡來，然後選擇走勤奮工作與誠實的那條路。我生命中所犯的錯誤，始終都是因為傲慢與自負。我會犯下這些錯誤，是因為我忘了自己從哪裡來，忘了過去使我感到屈辱的痛苦，因而沒能做到我該有的謙卑。如果能保持謙卑，我們就能意識到自己的錯誤；如果能保持謙卑，我們就不得不原諒別人所犯的相同錯誤。

愚蠢和**驕傲**經常一起出現，不是沒有原因的。驕傲，讓你相信世界是為你而創造的，從而為這個世界以及你的生命帶來愚行、仇恨、暴力和痛苦。唯有從痛苦中生出的質疑及謙卑才能療癒你，也才有可能帶來寬恕。沒了質疑與謙卑，友誼與家庭將無法維繫。我看過太多這樣的情況了：商業夥伴對簿公堂，兄弟姊妹、父母子女形同陌路，多年的友情毀於一旦。我這輩子最悲傷的日子之一，就是在父親的阿茲海默症惡化時，不得不出席我家人與我叔叔之間的仲裁會；當時，會議室門口的牌子上寫的是：萊德vs.萊德。

為什麼事情非得走到這個地步？為什麼非得要花上種種代價：癌症、成癮的孩子、財務崩毀、公眾醜聞（想想約伯失去一切的悲劇），才能彎折我們的腰，讓我們知所謙卑？因為，有些人不願意去探索謙卑的口袋，那裡頭裝著**我不過是灰與塵、我不比你特別、我不完美、我不是宇宙的中心、我不是毫無缺點與過失、愚蠢與質疑**。從痛苦中獲取的智慧，正是深入探索這個口袋的結果。痛苦就在那個口袋裡。

大部分的宗教傳統都會包括某些行禮如儀的動作，比如鞠躬、跪拜、俯伏，這是有原因的。當我們俯身屈就時，才會記得這個世界不是為我們創造的，我們不過是灰與塵，我們是驕傲、愚蠢、容易傷害人、傲慢自負、輕視他人並會犯錯的凡人；在上帝與所愛的人面前展現謙卑，是讓愛得以長存的唯一希望。

分析心理學創始人卡爾・榮格（Carl Jung）是瑞士精神病學家，他曾經引述一則美麗的哈希德猶太教故事。榮格說：「沒有痛苦，人就不會覺悟。」在這個故事中，有一位拉比的門徒來找他，並問他：「以前有些人會看見上帝的臉，為什麼他們現在看不見了？」

拉比回答：「因為現在，沒有人能把身子匍匐得那麼低了。」

幸與不幸，別小瞧話語的力量

言語具有魔力，如咒語與詛咒。其中最好的那些，一旦說出，即可改變一切。

——諾拉．羅伯特（Nora Roberts）

西方魔法師最常用的咒語之一是「阿布拉卡達布拉」（*Abracadabra*），以往魔術師從帽子裡變出兔子時，嘴巴所念的也是這一句。這是二千年前的亞拉姆語（Aramaic），耶穌與中東地區的偉大宗教聖賢在二十個世紀之前就是使用這種古老的語言。當時，這句話的發音更像是「阿夫拉凱達布拉」（*Avra kehdabra*），意思是「我說的會實現」。

古人認為言語和有形的事物並無區別。事實上，在希伯來語中，就用「話（*davar*）」這個字來指稱所說的事或所做的事。對古人來說，言語跟能看見或觸摸到的有形事物一樣具體且真實，他們深信言語的力量。這就是為什麼《聖經》一開頭，就想像上帝用言語創造出宇宙：「起初……神說『要有光』，就有了光。」上帝一張口，然後就是「阿夫拉凱達布拉」，東西被創造出來了。一直以來，我把這種看待語言的觀點，解釋為給我們所有人的一個啟示，而不是歷史上不科學的其中一筆。這樣的觀點，是在強有力地提醒我們，言語是我們創造世界、散放光明、摧毀世界、傳播黑暗的工具。**阿夫拉凱達布拉**，我們果真創造出我們所說的事物。

想想我們用言語所創造出來的所有痛苦：八卦、誹謗、侮辱、嘲笑、虛假承諾、抨擊、貶抑、粗俗……全都是話語造成的。這麼多的痛苦，全都源自於我們身上既柔軟又強大的肌肉——舌頭。這條肌肉是如此危險，以至於智者會說，它就應該被鎖在兩扇大門之後，亦即我們的唇與齒。我們所造成的破壞，我們所創造的黑暗，我們所陷入的麻煩，我們所帶來的傷害，全是因為我們創造出我們所說的事物。

知名的猶太法典智者迦瑪列大拉比（Rabban Gamliel），叫門徒托比去市場，把他能找到的最好一塊肉買回來；托比遵照指示，帶回切成片狀的舌頭肉。第二天，迦瑪列又叫托比去市場，把他能找到的最糟一塊肉買回來；結果，托比帶回來的，同樣是切成片的舌頭肉。迦瑪列被搞糊塗了，托比解釋：「再沒有比八卦與邪惡言論更糟糕的了，也沒有比寬容、仁慈的言語更美好的了。」如果言語可以摧毀我們及我們所愛之人，如果言語能傷人，那麼它也必然能幫我們療癒。

心理學家馬汀．塞利格曼（Martin Seligman）為了治療憂鬱症，曾經建議一個實驗，他稱之為「感恩行」（Gratitude Visit）。首先，塞利格曼要求受試者閉上眼睛，回想他一直很想感謝的人，對方曾經做了件重要的事而正面改變了他的人生；但有一個條件，這個人必須還活在世上。現在，你也可以試著想想那樣的一個人，他確實讓你的生活變得更好，但你一直未能好好感謝他。我希望，我們的人生中都有這樣的一個人。

現在，回頭來看塞利格曼指定的作業。他要受試者寫三百字的感言，描述對方做了什麼事，又是如何影響了他的人生。然後打電話給對方，詢問是否可以親往拜訪，但不能在電話中說出原因。最後，當雙方見面時，受試者要當面把那篇感言念出來。根據塞利格曼的經驗，幾乎每個人都會喜極而泣。而當塞利格曼在一週後、一個月後及三個月後分別為雙方做測試時，發現兩人都比以前更快樂了。

賈各布斯（A. J. Jacobs）是一個不可知論者，他想給自己一年的時間去做一些瘋狂、有趣的事。最後，他決定花一年時間竭盡所能地遵循《聖經》的指導過日子，他把這個實驗以及後來出版的書稱為《我的聖經狂想曲》（*The Year of Living Biblically*）。除了令人捧腹大笑的內容，比如他跑到中央公園牧羊，向一位有外遇的七十歲老人丟石頭，賈各布斯的一年聖經生活也教導了他好些嚴肅的課題。其中一項，他是這麼說的：**你應該心存感恩**（Thou shalt give thanks）。「這是一個大功課，」賈各布斯回憶，「因為我要做很多的感恩禱告，對一個不可知論者來說，做起來當然很彆扭，但我還是把謝謝掛在嘴邊。我的看法開始改變，也開始意識到，每天都有好幾百件順遂的小事，那是我以前視之為理所當然而沒有去留意的；反之，我總是把注意力放在出了差錯的兩三件事上。」

大多數人認為，我們之所以說謝謝，是因為我們先有了感恩的心；但事實上，說謝謝會強化或甚至引發我們的感激之情。因為感激，所以我們說謝謝，但更常發生的事，卻是說謝謝會讓我們更懂得感恩。這證明了語言的力量，確實能夠重塑我們對生命與問題的觀點。

「這事聽起來可能很傻，但直到今天我還記得。」

我不是第一個指出「棍棒石頭會打斷我的骨頭，但言語傷不了我」這句話是錯的人。我七歲時，就深切地體認到言語會造成怎樣的痛苦。那年的夏令營，我在明尼蘇達州的特科營地（Camp Teko）贏得了最佳露營者獎；他們宣布我的名字，我走上前，從營地指導員手中領取夢寐以求的獎盃，就在這個我童年最感驕傲的時刻，我聽到的不是父母興高采烈的叫喊，也不是輔導員的鼓掌喝采，而是幾乎跟著我一起長大的兒時玩伴戲謔地叫我「小萊德」的聲音。在我被認可為最努力的那個時刻，其他的孩子卻提醒我，我的個子最矮。這事聽起來可能很傻，但是直到今天我都還記得。

骨頭斷裂或膝蓋擦傷的痛，會因為時間而淡忘，但遭受侮辱之痛卻令人難以釋懷。不信，你可以去問問那些太胖、太矮、太聰明、太高，或是擁有任何顯著特徵的孩子。言語會傷人。話說回來，言語既然能造成如此難以磨滅的痛苦，當然也可以撫慰並療癒我們最深的傷痛。

蘿拉．特萊斯（Laura Trice）博士是作家，也是勒戒中心的治療師。根據她的結論，導致成癮的主要傷痛，往往源自一個事實：他們從來沒有從那些聲稱最愛他們的人那裡（包括父母、配偶、兄弟姊妹或子女），聽到想聽的及需要聽到的話。不敢要求也不敢告訴他人自己需要或想聽到的話，使得他們往往成為最不快樂的一群人。因此，特萊斯要求她的病人去「矯正自己的生命之輪」，就像自行車修理店幫你調整輪胎，把每一條輪輻仔細調整回原來的位置，然後你的自行車就能更好騎。人，也是如此。我們必須去觀察、詢問、傾聽，然後說出我們所愛之人想聽及需要聽到的話。因此，特萊斯鼓勵她的病人要誠實說出他們想聽到怎樣的讚美。

「你需要聽什麼樣的讚美？」她會要求他們：「回家問問你的妻子，問她想聽什麼樣的讚美？回家問問你的丈夫，他需要聽什麼樣的讚美？回去問清楚這些問題，然後幫你身邊所有的人。」

關於言語傷人或緩解痛苦的能力，在我所知的例子中，最發人深省也最哀傷的一個故事，是我從波士頓愛樂交響樂團的指揮本傑明．山德爾（Benjamin Zander）聽來的。故事主角是奧斯威辛集中營的少數倖存者之一，她十五歲進了集中營，當時她弟弟八歲，他們和父母失散了。她告訴山德爾：

「我們在前往奧斯威辛的火車上，我低頭時發現我弟的鞋子不見了。於是我說：『你怎麼這麼笨？我的老天，你就不能把自己的東西保管好嗎？』就是一般姊姊會教訓弟弟的話。」

山德爾說：「不幸的是，這是她對弟弟說的最後一段話，因為他們從此再也沒見過，她的弟弟沒能活下來。當她從奧斯威辛離開時，就發了一個誓；她告訴我，『我走出奧斯威辛重獲新生，當時就發誓說，我永遠不再說難聽的話，因為那可能成為我的最後一句話。」

我常常聽到有人說某人很棒，因為他總是不忘對服務員、泊車小弟、店員說謝謝。事實上，我認為這並不難做到。比起讓我們身邊的人知道他們有多重要、我們有多麼感謝他們並為他們感到驕傲，感謝把份內工作做好的陌生人，反而更容易。我們很少會對提出問題的陌生人發脾氣，但往往不耐煩家人的詢問，甚至大發脾氣。你怎麼知道，你所說的話不會成為你的最後一句話？

痛苦除了給我們留下許多傷疤，也會留給我們一些珍貴的機會，讓我們得以改變、成長或愛得更深。痛苦幫助我更頻繁、更真誠地說出感謝的話語。感謝我的會眾，因為他們虔敬的信仰，也因為他們善待我及我的家人。感謝我的醫生，因為他們精湛的醫術、堅持不懈的精神以及無可倫比的同情心。感謝我的妻子貝琪，因為妳做過的所有晚餐、家事，以及體諒我週末及許多晚上無法回家幫忙；還要感謝妳願意與我共度一生，用美好的一切填滿我們的家與我的心，更在我虛弱、哭泣、沮喪、害怕時陪在我的身邊。感謝我的孩子亞倫與漢娜，你們是好孩子，讓我每天都引以為傲。

是誰幫你度過痛苦？是誰讓你充滿感激？他們知道嗎？你告訴過他們嗎？**阿夫拉凱達布拉**，我說的會實現，那就讓痛苦為你帶來感恩與愛的療癒話語吧。

人生苦短，人生也很漫長

不要把一次失敗與最終的失敗混為一談。

——史考特．費茲傑羅（F. Scott Fitzgerald）

我在健身房大廳碰到羅娜與艾瑞克夫妻，他們正在笑著聊天，看起來十分正常。在知道他們兩人的故事後，能看到他們快樂地在一起，我真的很高興。「經歷那麼多事之後，我很高興看到你們在一起。」我告訴他們。

艾瑞克夫婦的兒子哈利，八歲時死於腎上腺腦白質失養症，在電影《羅倫佐的油》（*Lorenzo's Oil*）上映後，成為廣為人知的一種罕見疾病。這種可怕的疾病，會導致年幼的孩子逐漸失去各種感覺、發狂及喪失自我意識，直至死亡。以下是我為哈利寫的部分悼文，徵得艾瑞克夫婦的同意後分享於此：

自從哈利在那個漆黑的夜晚死去之後，每天都在下雨，彷彿整個世界都在哭泣，寒冷又黑暗。在黑暗、寒冷的靜默之中，在全世界的淚水之中，我努力找出這些話語。

就像愛無法用言語表達，死亡也如此。只剩痛苦、黑暗及悲傷。深沉的靜默，凝望著生命、愛，還有失去，今天早上，我們就感受到了這股令人驚恐的力量。我們知道，哈利的家人也知道，沒有任何言語可以表達現在的心情。我們只能給予靜默的支持，我們在這裡，是因為我們愛他們，他們知道這一點。

今天早上，我們有許多問題還是沒有答案。為什麼是哈利？為什麼是這個惹人憐愛的小男孩？為什麼是這種如此反覆發作、罕見又具毀滅性的疾病？為什麼是現在？但我確實知道並相信，這些憤怒與恐懼、悲傷與痛苦是我們的，不屬於哈利；哈利已經超越了這些悲傷與痛苦，超越了醫生、焦慮以及恐懼。

我們的拉比先輩說，即使是最糟的死亡，也只是「完美的長眠」。哈利長眠了，哈利安息了。今天，我們至少可以感謝他的苦難終於結束，感謝他終於得到應得的安寧與平靜。現在，我們也必須以某種方式與他的死亡和解——至少和解到我們能夠活下去的程度。我們不能因為孩子的死去，隨之心碎而死。

對此，哈利一定比任何人更無條件同意，因為他活著時是如此熱愛著他的生命。哈利擁有無懼、快樂的靈魂，經常開懷大笑，即使是一個沒人能理解的笑話。他有驚人的時尚感，每個階段的喜好都不同，包括頭巾、飾品，甚至全套的正式服裝——他會堅持每天晚上穿西裝打領帶吃燭光晚餐。哈利似乎總能知道什麼最適合自己，擁有一種令多數成年人又羨又妒、望塵莫及的透澈與理所當然。有多少孩子會在踢進一球後，在球場上來回奔跑向觀眾們送上飛吻？哈利有渾然天成的快樂與創造力、智慧與內在力量，還有非凡的個人魅力。

哈利熱愛美食，聰明到總是可以吃上他想要吃的餐點。「如果我有兩個媽咪，」他會說，「另一個媽咪會給我糖果。」八歲時，哈利已經養成一種只有七十多歲的猶太人與義大利人才有的習慣：早餐時，他想知道午餐吃什麼；午餐時，他想知道晚餐吃什麼；晚餐時，他開始想知道第二天的早餐吃什麼。

「你愛誰？」羅娜問哈利。

「爹地。」哈利總是這麼回答。因為他知道，這樣的答案會讓羅娜追著他跑，要他親親她。哈利的愛很慷慨，他全心全意地愛著艾瑞克、羅娜以及哥哥山姆。這是個四口之家，過去如此，將來也如此。哈利喜歡在派對中跳舞、表演、嬉鬧，跟一群人一起；他還喜歡別的東西，比如女人。他喜歡在公園、遊樂場看女人，尤其是他們最後一次去波拉波拉島（Bora Bora）那趟不可思議的家庭旅遊。我們應該這麼說，哈利對女人在沙灘上裸露上身的這個事實，印象非常深刻。「嘿，媽咪，」他問羅娜，「這些女人都是從哪個國家來的？」

「法國。」她回答。

「我想去法國。」哈利說得斬釘截鐵。

哈利最後幾次真正清醒的時候，還可以短暫地把一切拼湊起來，其中之一就是他的最後一次生日。那天大部分時候，哈利並不清楚那是他的生日，不知道為什麼周圍擺滿了禮物，也不知道為什麼有這麼多人。但是，當蛋糕被端出來、蠟燭被點燃，哈利就笑了。「今天是我的生日。」他興奮地大喊，「讓我們跳舞吧，每個人都來跟我跳舞，我們大家一起。」然後他叫在場的每個人，每個愛他的，以及他在這世上最愛的人，都跳起舞來。他的快樂是如此純粹，這就是哈利。

我們不能因為孩子的死，也隨之心碎而死。我們只能活下去，因為哈利在他最美好的時刻教會了我們要享受生活。年幼如他，卻能教導我們掌握生命的深刻真理：單純地擁抱我們所愛的人。就像艾瑞克、羅娜、山姆溫柔擁抱哈利一樣，我們也會擁抱他們。我們會擁抱彼此，直到大雨停歇，直到陽光溫暖我們，讓我們重新開始生活，重新開始去愛。

我在健身房向羅娜與艾瑞克道別時，心裡感歎著哈利那麼快地就走完短暫的一生。然後，我想起了另一個朋友。他是精神科醫師，我以前常在健身房看到他，數年前死於癌症，留下年輕的妻子及兩名幼女。我記得從他的葬禮返家途中，我有多悲傷多沮喪；我關掉車上的收音機，我需要獨自一人安靜地想一想。我不習慣送別跟我同齡的人，這會讓我十分心痛，並喚醒我去面對最簡單也最可怕的真理。

從墓園開車回家的那段路程中，深沉的悲傷讓我無法做出任何反應；參加完哈利的葬禮，我也感受到同樣沉重的真理。一句殘酷的陳腔濫調——人生苦短，重重地壓在我的心頭，並在我的心裡不斷迴響。

然後，在回家路上，滿腔的憂思慢慢消散了。那天下午，我還有些事要辦，我的孩子們也讓我重拾笑顏。到了晚上，當我前往那位朋友家中進行一場簡單的祈禱儀式時，已經重新振作起來了。我穿著那套出席葬禮的藍色西裝、乾淨俐落的白襯衫以及一條合適的領帶（花色不會太嚴肅也不會太俗麗），臉上掛著拉比的表情，然後走進門去。我環顧人群，尋找著朋友的妻子，我應該說是遺孀，但對一個始終帶著溫暖笑容的四十歲女人而言，很難把這個稱呼放在她身上。沒多久後，我就看到她了，身邊站著她的兩個女兒，其中一個在幾天後就要舉行十三歲的猶太成年禮。當我的朋友知道自己無法參加女兒的成年禮時，他要求我代替他念出寫好的講稿。

幾天後，成人禮如期開始了，有失去親人的哀傷，也有小女孩長大成人的欣喜淚水。一句截然不同的箴言在我心頭反覆播放：人生漫長。漫長到足以讓我朋友的妻子從傷痛中恢復過來，漫長到足以讓他們的孩子長大、重拾笑顏，也漫長到足以讓他所愛的人度過四十年、五十年或甚至六十年的全新生活。

再度見到羅娜與艾瑞克，讓我想到了哈利，想到了我的朋友與他的妻子（她已經幸福地再婚了），還有他們的兩個女兒（已成長為亭亭玉立的美麗女子）。此外，我還想到以色列詩人大衛．沙哈爾（David Shahar）接受訪談時所說的：「沒有矛盾，就沒有生命。」我陷入了兩種截然相反又各自為真的現實之間，一個是人生苦短，一個是人生漫長。時間的確在以令人眼花撩亂的速度飛逝，但對大多數人來說，他們的可能壽命卻比任何一個時代都要來得長。過去一百年中，美國人的平均壽命已經增加了一倍。所以，到底哪一種現實才是真的？哪一個才是我們的生命所要倚仗的真理？到底是人生苦短，還是人生漫長？

我們可以來看看喬韓森老先生的例子，他因非法入侵遭到逮捕，被傳喚到法官面前。

「喬韓森先生，你被指控擅闖農民的私人土地。你有什麼要說的？」

「無罪，庭上！」

「喬韓森先生，你被抓時是穿著短內褲在農夫的池塘游泳，而且前面就有『私人土地，不可游泳』的告示牌。現在，你認不認罪？」

「無罪，」喬韓森先生再度堅持。「庭上，」他繼續說，「我無罪，因為告示牌不是這麼寫的。」

「真的嗎？」法官懷疑，「那麼，告示牌是怎麼寫的？」

「上面寫的是：『私人土地？不，可游泳！』」

「『事情不會一直這麼糟』，這是我所聽過最真實也最有幫助的一句話。」

由此可見，你強調的重點決定了一切。處於痛苦中時，我們眼中所見是生命短暫的悲傷例子，但事實是，對大部分的人來說，他們的壽命可能比任何一個時代的人都要長，長到足以讓他們走出傷痛。就全世界來說，活到六十五歲的人，有三分之二的人今天還活著。對大多數人來說，儘管有人時不時就要哀歎人生苦短，儘管有人選擇以瘋狂的步調過日子，但人生仍是漫長的。記住這一點很重要，尤其是當我們在真實的人生中，親眼見到令人悲痛的幾個相反例子時，你不得不承認，生命有時太過短暫。

「我後來才真正了解，當有人說他們很痛苦時，並不是無病呻吟。」社工瑪麗・塞梅爾（Mary Semel）提到她兒子的死亡時寫道，「我切身感受到這樣的痛苦，超過我以往的想像：它是如此尖銳又劇烈，我的手臂布滿雞皮疙瘩，反胃想吐，呼吸急促，覺得自己很快就要死了。那很好，我就不用再忍受這樣的痛苦了。但我也了解，儘管痛苦難當，我還是可以生活、工作以及繼續去愛。外面有許多看起來沒事的人，卻可能帶著一身的傷痛。時間與關懷的確可以緩解傷痛⋯⋯『事情不會一直這麼糟』，這是我所聽過最真實也最有幫助的話。」

「痛苦的確減輕了，我們的眼睛不再含著淚水。就像水彩渲染，時間確實可以淡化我們的痛苦。我們會再度歡笑，享受我們的工作、家庭及朋友。我們往前走……因為我們知道這是必須邁出的一步。否則，我們這一生就虛度了。」

相信我，我不是在競選「首席苦難拉比」（也沒有這個職位），雖然我應該能夠勝任這項工作。下面是我要對還在痛苦中受盡折磨的人說的話：人生漫長，長到足以讓你重新開始、重建、拍更多照片、創造更多回憶，長到足以讓傷口癒合。我還會提醒他們，新的一天都是從黑夜開始，那是最黑暗的時刻，黑暗過後就能迎來光明。希望就像新月，萌發於全黑的晦月，然後黑暗天空開始出現一抹纖細月牙。最後，我還會提醒他們，無法在淚水中看清的信念，才是能幫你度過難關的最真實信念。

要有信心，因為新月終將變成滿月，反射出太陽帶著溫暖與光明的力量。要相信一切都不晚，有時間可供你哭泣，有時間讓你歡笑，還有時間去記住我們能夠療癒傷痛。法國小說家阿爾貝・卡繆（Albert Camus）是這麼說的：「在寒冬盡頭，我終於知道在我心底有一個無往不勝的夏天。」

心臟監測器、電腦斷層掃描、解雇通知書、股市崩盤……相信我，人生漫長，你會有時間應付。事業不如預期、犯了一個糟糕的錯誤、信譽掃地、婚姻破裂……人生漫長，你可以重新再來，重新定義。小說家喬治・艾略特（George Eliot）寫道：「勇敢做自己，永遠都不晚。」人生漫長，我們總能找回重新去愛的道路，找回人生的意義，只要保持信念，相信我們有能力成為本該成為的人，也相信時間的療癒力量。

我知道寒冷、幽深、黝暗的痛苦之海有時會吞沒我們，我自己也曾行經那片海域，也曾陪著許多人泅渡。我都能體會，但我也相信人類精神的承受能力。人生漫長，足以讓我們一點點溫暖起來，重拾歡笑與愛。我們可以肯定並如此相信，即便黑夜深不見底，太陽終究會升起。

成長

不論是病痛或死亡，
都不能徹底擊垮我們，
在我們這一生中，
必定會不斷失去，
但一路上也會不斷拾取。
盡量去笑去愛，只有你過得好，
你所愛的人、你自己的人生才能得到祝福。

在荊棘中，結出祝福的果實

你唯一的真正衝突，不是跟別人，而是跟你自己。

——夏儂·阿爾德

痛苦，意味著你的人生出現問題。《塔木德經》警告我們：「如果痛苦找上你，要檢視你的作為。」正是椎心刺骨的疼痛，才迫使我跪下來檢視我的人生。

過了大半輩子，我幾乎以為意志力無所不能，用它來鞭策自己，讓我的表現超乎預期；我幾乎相信自己可以完全掌控命運及身體，以為只要夠努力，沒有什麼是我做不到的。我曾經揶揄每天做著規律運動與冥想的人，說他們是自我放縱，任何試圖花時間減輕生活與工作壓力的人都是弱者。難道他們沒有抱負、沒有必須承擔的義務、沒有膽量或勇氣嗎？這是我那習慣貶低他人的父親，深植於我心中的觀念，直到可怕的背痛找上我，讓我俯伏在地，然後做出改變。

現在的我已經明白，上健身房、冥想、散步、伸展、深沉呼吸、睡眠、退讓、信任、享受家庭生活、獨自漫步、騎單車享受拂面而來的微風、像個孩子般自由自在……這些不是輕慢生活或弱者的表現，也不是自我放縱的奢侈之舉，而是讓生命發光發熱的燃料。

多年前，我的一場布道曾經激怒了許多人，尤其是女性。這場布道要闡述的，其實是我一個朋友在布道時提到的一個觀點：每個人都只能把一件事做到最好。我們可以做好很多事，但只有一件事能做到最好。以我為例，我不可能是一個最棒的拉比，又是一個最好的顧家男人，但我可以是一個最棒的拉比以及一個很好的顧家男人，或是倒過來說，一個最好的顧家男人與一個很棒的拉比。我必須做出選擇。

這個觀點顯然觸到了許多人的痛處，特別是我這個世代的女性。她們一直被灌輸的觀念，就是她們可以同時擁有一切，包括最好的事業、最棒的家庭生活、最完美的自我實現，全都是最好的。順帶一提，許多男人也被餵養同樣的謊言。事實是，做到最好這事所需要付出的代價或犧牲，遲早會以某種方式擊垮大多數的人。身為拉比，我看過某些世界上最「成功」人士的家庭生活；有時的確很美好，但大部分並非如此，這讓我想到「只可遠觀不可近看」這句話。為達目的不計任何代價的心態（極度成功需要嚴酷的驅動力），往往最後會毀了那些人內心某些珍貴的東西，並讓他們付出慘重的代價。

當然，當你遇上嚴重的法律問題或危險的健康問題時，你想要找的不是一位好律師或是好醫生，而是其中最好、最棒的佼佼者。有一個向我傾訴心聲的神經外科醫生，就指出了這一點。他說，人們來找他並不是因為他是個好醫生，而是因為他很努力且做出犧牲來把工作做到最好。所謂「做到最好」，是指他可以拯救其他醫生無能為力的性命。

他焦慮又疲憊，沒有人知道他的內心、靈魂及家庭發生了什麼事。我問他，在他人生的現階段，能否無怨無悔地繼續擔任一名最棒的外科醫生？他非得持續目前的工作步調嗎？比如說，只留下一個辦公室？把某些病例轉交給另一個有能力處理並保證得到相同結果的外科醫生？他沉重的壓力，有多少是因為自己的作為、自負及害怕表現出軟弱所造成的？他頓時沉默了，彷彿我點出了他內心無法言明的痛處。

「工作成癮，是許多人生活中最後一個可接受的『癮頭』。我知道，因為過去的我也曾經以此為榮。」

如果我要求每個對酒精、賭博、毒品或性愛上癮的人，在教堂、會堂或足球場上站出來，沒有人會願意。因為先不論對錯，我們都習慣將成癮視為人格缺失，所以絕對沒什麼好光明正大宣示的。然而，如果我把對象換成了對工作成癮的人，亦即工作狂，就會有很多人驕傲地起身。即便本人不怎麼樂意，他們的配偶可能還會強迫他們站出來。工作成癮是許多人生活中最後一個可接受的「癮頭」。我知道，因為過去的我也曾經以此為榮。

八百多年前，身為醫師及哲學家的邁蒙尼德（Maimonides）提出了這個問題：

假如上帝公正又仁慈，世界上為什麼還有這麼多苦難？他釐清並確定了三種不同的苦難源頭，並明確指出它們跟上帝無關，完全都是出在我們自己身上。

邁蒙尼德認定的第一種苦難源頭是「無可避免」，假如我們能正確地理解身為「凡胎俗骨」意味著什麼，這些不可避免的事就沒有表面看起來那麼可怕。隨著逐漸老化，不可避免地會承受不少苦難，只是一個簡單事實的結果；這個事實就是，人類是由活生生的血、肉、骨骼所打造的。自然界隨時都在變動，都在衰退，當然人類也不能倖免。不喜歡身上的妊娠紋、肥胖紋、皺紋、疼痛、動不動就痠痛的後背或膝蓋，那麼就別當一個人，當一塊岩石或一把椅子就不會有這些感覺了。人之所以為人，就會有散架垮掉的一天，有些人快些、有些人慢些，但沒有任何一個人能夠避免這一天的到來。活生生的我們隨時都在影響著自然界，那麼理所當然的，自然界也會對我們產生影響。這與上帝是否公平無關，也不是受到詛咒，只是因為我們身而為人。

邁蒙尼德描述的第二種苦難源頭，是一個人對另一個人所犯下的惡行。在他看來，這也跟上帝無關，責任全在人類自己身上，與否認人性最良善、最美好一面的那些人有關。他也指出，大多數地區的大多數人不會忙著傷害或殺害他人；在我們這個時代，同樣如此。即便我們每天被新聞轟炸，也會這麼相信：世界上大多數地區的大多數人在大部分時間，都是和平相處的。

接著，邁蒙尼德說起世上最終也是最主要的苦難源頭。假如我們能在生活中，明智並成熟到足以辨識出來，這種苦難往往是可以避免的。大多數人對這種苦難源頭並不陌生，那就是「過度」，比如飲食過度、飲酒過度、工作過度、欲望過度……有了銅，就想要銀；有了銀，就想要黃金；有了黃金，就想要鑽石。這種永無止境的渴求所造成的壓力與空虛感，會讓我們付出沉重而痛苦的代價。

此外，邁蒙尼德也指出大自然的智慧與人類的愚蠢。他觀察到大自然為人類提供了豐沛的必需物質，例如攸關人類生存的兩種東西：空氣與水，就是自然界中最常見、最容易取得的元素。相反的，自然界中比較稀少罕見的東西，大都是跟人類的生存無關，例如寶石。諷刺的是，許多人每天汲汲營營地賺錢，為的就是去買我們最不需要的奢侈品，只因為它們稀少而珍貴。

即便我們停止這一切作為，開始計算已經擁有的恩賜，我們還是常常會弄錯目標。二千年前，《塔木德經》就提醒我們，所謂「富足」就是滿足於我們已經完成的事；五十多年前，羅伯特・甘迺迪（Robert Kennedy）說國內生產總值（GDP）「可用來衡量一切……除了讓生命有價值的事物之外」。我說意第緒語的祖母用的是另一種說法：「死人穿的壽衣，」她調侃地說，「沒有任何口袋。」

我們活在一個強調我們很特別的社會，相信我們可以甩開有限物質的限制，這也包括由皮膚、肌肉、脂肪、器官及血液等等建構而成的身體，於是我們的身體因為濫用及忽視而受到傷害，變得虛弱，甚至有了病痛。在我們的文化中，隨時待機、全年無休才是被人追捧的正確狀態。

由於丹・布朗（Dan Brown）的著作《地獄解碼》（*Inferno*），以及由榮恩・霍華德（Ron Howard）執導、湯姆・漢克（Tom Hanks）主演的同名電影，讓許多人知道了瓦薩利走廊（Vasari Corridor）。這是義大利佛羅倫斯一條封閉的高架通道，由科西莫・迪・麥地奇（Cosimo de’ Medici）這位出身自全市勢力最強大家族的佛羅倫薩公爵（Duke of Florence）所建造，從舊宮及位於阿諾河（Arno）一邊的辦公室，越過老橋來到位於河對岸的彼提宮（Palazzo Pitti）與波波里花園（Boboli Gardens）。在這個私人通道中，收藏著一批藝術家的自畫像，其中有一幅特別讓我感到哀傷。這是一幅未完成的自畫像，由死於一七八七年的肖像畫家龐培奧・巴托尼（Pompeo Batoni）所繪。他死後，他的侄子在他的私人物品中發現了這幅畫作，將它捐給了博物館。這幅自畫像會讓我感到如此哀傷，就在於它沒有被完成；巴托尼就像我們許多人一樣，活著時都在忙著為別人畫肖像，沒有留下多少時間或靈感來完成這幅肖像，以及最重要的——他自己的生命。

當痛苦找上你，請容許它為你的身體及靈魂帶來新觀點、新智慧，重新調整生命中的優先事項，給自己更多的尊重及更多的時間。讓它來告訴你：「你可以在工作中找到意義、目的及寄託，但別將它與你的人生混為一談。」

死亡教會我的事

隨著情感的逐漸覺醒，他第一個感覺是徒勞，然後是對灰敗人生的鈍痛感。

——史考特・費茲傑羅

如果你知道自己就要死了，不是幾十年或幾年之後，而是幾星期、幾天或甚至是幾分鐘之內，你會有什麼感覺？

二〇〇九年一月十五日，有班機緊急迫降在哈德遜河，里克・伊萊亞斯（Ric Elias）是飛機上的乘客之一。據他描述，當時機艙黑煙瀰漫，飛機引擎也發出「喀啦、喀啦、喀啦」的聲響，他忍不住盯著空服員臉上擔憂的表情看。從他的座位，可以清楚看見機長迅速翻轉飛機，對準哈德遜河的方向，並且關閉了引擎。最後，他聽到機長在駕駛艙廣播，不帶任何情緒地說：「即將迫降，小心衝擊。」

大部分人都知道，由於薩利機長（Chesley Burnett "Sully" Sullenberger III）的高超技巧，在這次驚險的哈德遜河迫降中，無人傷亡。然而，瀕臨死亡的經驗讓伊萊亞斯學到了三件事。第一件事，他不要再拖延、等待，現在就要更常與他關心的人在一起，並且去做他一直渴望做的事。第二件事，他領悟到就跟許多人一樣，他也把許多時間都浪費在消極與負面的事物上，並跟對他來說並不是真正重要的人做那些並不真正重要的事。因此，他決定要「除掉我生命中的負面能量。雖然目前還沒能做到完善，但已經好多了。過去兩年，我沒有跟妻子吵過架，我選擇讓自己快樂。」當飛機猛衝入水，他腦中的時鐘開始倒數計時，此時他學會的第三件事是，他的家庭在他生命中占有絕對的中心地位。在那一刻，也就是他相信自己就要死的那個時刻，他只希望能夠看到他的孩子長大。

「大約一個月後，我去看了我女兒的表演，」伊萊亞斯說，「……我淚流滿面，哭得像個孩子。這讓我的世界重新有了意義，那個時刻我明白了，把這兩件事連結起來，我生命中唯一重要的事，就是做一個好父親……我得到的這份禮物是……那天沒有死於墜機；另一份禮物是能夠看見未來，然後有機會再回來改變自己的人生……」

「那個時刻我明白了，把這兩件事連結起來，我生命中唯一重要的事，就是做一個好父親。」

我們所有人都害怕死亡，只是程度不同。宗教本身就是一種對有限（finitude）的回應，對每個人「終將死亡」這個簡單事實的回應，以及對我們因為死亡而渴望生命能有意義的回應。我們都會想像自己的死亡、自己的葬禮，以及悲傷的親朋好友。我握過成千上百個臨終者的手，那些經驗教導我，大多數人在死亡確實到來之前，一點也不害怕。對大多數人來說，死亡是在漫長的人生盡頭或是久病後才會報到，這兩種情況都讓他們自己以及所愛的人有心理準備。在握過那幾百隻手後，沒有一個人在真正接近死亡的那一刻感到害怕。基本上，如果你害怕死亡，就表示還不到你要死的時候。你會焦慮，是為了要活下去。

有位朋友的三十歲兒子最近去世，他告訴我：「當有人說：『我無法想像失去孩子是什麼樣的感受』，我真的很火大。每個父母都確實想像過這件事，或許是得到可怕的流感，或是從什麼地方摔下來；或是已經過了門禁時間很久，然後尖銳的電話鈴聲響起來，劃破夜晚的寧靜。每個父母都想像過最糟的情況。」我們都想像過孩子、配偶、父母或朋友的死亡，那種巨大、沉重的悲傷。但我們之中有許多人已經不需要想像了，因為他們已然行經死蔭的幽谷，將摯愛放進陰暗、靜默的地底下。於是，死亡擊潰了我們，至少暫時如此。

許多宗教傳統都有模擬死亡的儀式及聖日，鼓勵信徒去思考自己的死亡。例如，齋戒禁食就是一種模擬死亡的克己形式。這些儀式與聖日企圖喚醒我們，讓我們去意識到自己終將死亡的未來現實，使我們能夠更認真地看待目前的生活方式。無論是預料之中或突發的事故，痛苦與恐懼都會迫使我們去想像自己的死亡，不論這有多令人驚恐；然後回過頭來，以積極且慎重其事的方式來改變我們的生命。

我曾經與至少一千個家庭坐下來討論葬禮事宜，你會發現，在一個人死後，不管關係是夫妻、親子或祖孫，往往是那些最不起眼、最親密的小事，回憶起來最為生動鮮明。經歷、成就、獎項、財產，只會在我們的討論中占一小部分。死亡就像傷痛，會剝除生命中無足輕重的東西；這是為什麼伊萊亞斯在班機迫降哈德遜河時，會產生如此透澈的想法，也是為什麼他會在看到女兒表演時淚流滿面。面對死亡，他了解到「我生命中唯一重要的事，就是做一個好父親」。

每當我走過墓園，總會一再地提醒我，生命中最重要的是什麼。我還注意到，墓誌銘驚人的相似程度，當然也有例外，其中我最喜歡的是喜劇演員洛尼・丹吉菲爾德（Rodney Dangerfield）的墓誌銘：**惡鄰來了！**（*There goes the neighborhood!*）＊。一般來說，當我們不得不用幾個字來濃縮死者的影響時，這幾個字幾乎不出忠誠的丈夫或鍾愛的妻子之類。

我童年時的拉比，在他九十歲生日最後一次對會眾布道時，就優雅地闡明了這個看法。一開始他就告訴會眾，這會是他最後一次布道，而他並不害怕死亡。接著，他這麼說：

「讓我們看著彼此。讓我們每天看著彼此，彷彿是最後一次。不論我們過去已互相看過多少次，永遠都不夠。讓我們看著彼此、觸摸彼此，讓我們珍惜彼此的存在，珍惜在一起的每一刻，不論你們是丈夫與妻子、父母與子女、兄弟與姊妹，或者是朋友。讓我們以新的感歎、新的感受、新的愛意來看著彼此，愛著彼此，並且再多一些。」

雖然古人無法想像墜機是怎麼回事，但他們所承受的痛苦以及對死亡的擔憂，並不亞於我們。他們承受摯愛死亡的痛苦，創造出模擬死亡的儀式，為的是更加珍惜活著的時間。他們了解，我們所有人也終將了解，關於如何把日子過好，死亡能教我們的事可多了。恐懼、痛苦及死亡，都在向我們揭示生命的真理，把它們當成你的導師和朋友。在我們日復一日為生活匆忙、憂慮地奔走時，請透過它們來學

＊譯註：這句墓誌銘是自嘲，意思是這座墓園被他拖累了，因為他埋葬於此而拉低了水準。

習，並且別忘了時時望著彼此，真正地看進對方的眼中。記住，光是好好活著、好好了解、好好地笑、好好地愛，就能美好到不可思議。

日子過得太舒服，就無法更強大

如果你過得很舒服，你肯定有什麼事做錯了。

——彼得．杜拉克（Peter Drucker）

上網搜尋兩個英文字，你會找到超過三億四千七百萬筆答案；這兩個英文字是許多人畢生所追求的：most comfortable（最舒服）。接著，如果你搜尋「最舒服」的產品，你可以從網路上買到三億四千七百萬種不同的產品，例如最舒服的鞋子、最舒服的椅子、最舒服的汽車座椅、最舒服的寵物床、最舒服的耳機、最舒服的內衣，以及在坐起來最舒服的豪華轎車中吃最舒服的食物……凡是你講得出來的東西，你都可能擁有最舒服的版本。特別是在情感或身體上遭受痛苦時，誰不希望可以讓自己舒服一點呢？但真相是，舒服的日子教不了我們什麼；相反的，痛苦與不舒服能讓我們學到更多。我們的挑戰不是承受痛苦，而是為我們所承受及見證的痛苦找出解決之道，並永遠改變我們的人生，讓生命變得更美好。

「非洲怎麼樣？」從非洲志願傳教團返國之後，許多人這麼問我。這個團體是去幫忙一個烏干達小村莊，在村子外建蓋多座蔬菜攤。烏干達的女性一個人在路邊賣自家菜園的蔬菜時，很容易受到攻擊，因此把幾個菜攤建在一起，可以讓這些需要養家的女人更安全。「好玩嗎？」有人好奇問我，「有看到大猩猩和大象嗎？」

我是一個可以侃侃而談的人，但是對於這些問題，我卻無話可說。我要如何描述一個全國八五%的孩童普遍受到身體暴力及性虐待的國家？教我如何跟你說，我去的那所學校，牆上寫滿了「受到攻擊時，要放聲大叫」、「沉默只會殺死你」一類的標語？我要如何描述這樣一個國家，高層的貪污和腐敗，讓愛滋病診所裡面沒有任何治療設備，沒有阿斯匹靈、沒有病床、沒有繃帶，什麼都沒有？不論我去到哪家孤兒院，都會看到年幼的孩子背著更年幼的孩子，因為理應撫養他們的父母都死於愛滋病了。他們的肚子鼓脹、眼睛受到感染，但是沒有人在乎。我遇見了一位老奶奶，靠著幾隻雞撐持全家人的生計；還有一個帶著三個孩子的寡婦，自己也不比她的孩子大多少，全家只靠一頭瘦巴巴的母牛每天產出一美元的牛奶，就這樣活了下來。

「我不舒服，因為我能做的太少；我不舒服，因為我能做的還有那麼多。」

對於這次非洲行，以下是我寫在日誌上的最後紀錄，也是我能勉強寫下來的幾句話：

除了看著妳，我還能做些什麼？妳那黑黝黝如巧克力的眼睛如此美麗、有活力，妳寶貝的孩子們像一群咯咯叫的鵝跟隨著我，拉著我的手——如此美麗、可怕、瘦弱，染病如此嚴重，小小年紀就要挑水，背負這個大陸的悲痛。除了看著妳，我還能做什麼？

除了看著飄滿尿騷味、什麼都沒有的診所，我還能做什麼？除了沉默地為自己充滿恩賜與特權的好生活感到抱歉，我還能帶來什麼？除了在路上啃著午餐，在返回涼爽安靜的旅館房間（有折疊整齊的衣物等著我）時，納悶我能否擁有跟那個喪偶、驕傲、被雞群與髒污環境所圍繞、為那頭每天生產一美元牛奶的母牛鏟屎的女人一樣的力量與勇氣，我還能做什麼？

我不舒服，因為我在這裡；我不舒服，因為我不會一直在這裡。我不舒服，因為我能做的那麼少；我不舒服，因為我能做的還有那麼多。我不舒服，因為我有那麼多話要說；我不舒服，因為我無話可說。今天我將離開你們，可憐的孩子，但你們從未離開。你們以及這個地方應該且會永遠地讓我不舒服，讓我永遠地為你們祝福。

日子過得太舒服會鈍化我們的感受，相反的，痛苦會銳化我們的覺察。見證或親自體驗真正的痛苦，會逼得我們不再假裝看不見，睜開眼睛去看看這個世界以及我們自己。這就是痛苦最艱鉅的挑戰，也是它帶給我們的最大一份禮物。

人們總是在談論如何改變世界。某種程度上，我認為這是一個不切實際的想法，因為任何一個人都不可能改變這整個世界。但是，我們可以選擇讓所承受並見證的痛苦激勵我們，去改變我們能改變的事：我們的社區、我們的家庭，或者只是某個人的生活。

想一想，你有多重要

在最後的分析中，關鍵在於個人的生命，光是這一點就可創造歷史。

——卡爾．榮格（C. G. Jung）

源自亞伯拉罕的三種不同信仰，在其文獻中都有同樣一個民間故事。亞伯拉罕的父親他拉以製作神像為業，有次外出時把亞伯拉罕留下來看店。有個男人走進店裡，要買一尊神像，亞伯拉罕問他今年幾歲了，男人回答：「五十歲。」亞伯拉罕說：「你都五十歲了，還崇拜一尊才雕好一天的偶像！」意識到連一個小孩都明白偶像崇拜是多麼盲目而愚蠢，男人慚愧地離開了。

後來，一個女人走進店裡，想對其中一尊神像獻上供品。亞伯拉罕拿起了棍子，把所有偶像砸得粉碎，只剩下最大的一尊。然後，他把棍子放在這尊神像手中。父親回來後，問亞伯拉罕發生了什麼事。亞伯拉罕告訴他，有個女人進來要為這些偶像獻上供品，於是偶像們開始爭論哪一個應該先吃，最大的一尊就拿起棍子把其他偶像砸碎了。

他拉氣得痛罵亞伯拉罕：「它們只是雕像，不能動，也無知無能。」於是亞伯拉罕問：「如果你說的都是真的，那你為什麼要崇拜它們呢？」

到了這個地步，他拉把亞伯拉罕抓去見了當地的統治者寧錄。

寧錄對亞伯拉罕表示，如果他認為偶像沒有大能，他應該崇拜火；亞伯拉罕回應，水可以滅火。寧錄建議他，那他應該崇拜水；亞伯拉罕回應，雲可以留住水。接著，寧錄表示，他應該崇拜雲；亞伯拉罕回應，風可以吹散雲。於是寧錄說，他應該崇拜風；亞伯拉罕又回應，人類可以阻擋風。

最後，寧錄也對亞伯拉罕發火了，宣布亞伯拉罕應該被投入火中，並說如果亞伯拉罕是對的，真的有上帝存在，上帝就應該會來拯救他。亞伯拉罕就這樣被丟進火中，而上帝也的確救了他。

儘管這個故事對偶像崇拜的理解粗糙、結局離奇，但亞伯拉罕在顛覆思維的表現，卻傳達了一個非常重要的觀點。在亞伯拉罕拒絕他父親的異教信仰及偶像崇拜之前，大部分的人仍然相信人類幾乎沒有力量也沒有任何自由來決定自己的道路。異教徒相信，存在是一種無可避免的循環，所有的人都是循環的一部分，會一遍又一遍地自我重複下去。因此，認為個人很重要、能夠做出改變，以及存在只是一趟線性旅程，可以通往更美好世界的這種想法，是強大的、激進的、足以粉碎偶像崇拜的。時至今日仍是如此，甚至現在的我們，比人類歷史上的任何時候都更需要這種想法。

想想這個令人不寒而慄的例子，由此可以看出我們離這個認為個人很重要的想法有多遙遠。研究員雪莉・特克（Sherry Turkle）談到她在安養中心所進行的一項研究：「有一天……一個失去孩子的婦人對著外型像是小海豹的機器人說話。這個機器人似乎會注視她的眼睛，似乎能聽懂她的話，它給了她安慰。許多人認為這很神奇。這個女人試圖用一台沒有任何人類生命經驗的機器去理解生命的意義，而這個機器人的確表演得很棒。」

「但我不認為這很神奇，」這位研究員承認，「我認為在我十五年的研究工作中，這是最令人痛心也最複雜的時刻。但當我退一步來看，覺得自己正處於一個冷冰冰又嚴酷的完美風暴中心：我們對科技有越來越多的期待，卻對彼此之間的關係越來越不抱希望。因此，我自問：『事情為什麼會演變成這樣？』」

評論家雪萊．波多爾尼（Shelley Podolny）則是這麼形容：「我們的手機可以像人一樣跟我們說話，我們的家電可以像人一樣接受指令，我們的車子可以像人一樣自動駕駛。」當我們大部分時間都在跟演算法彼此溝通時，波多爾尼問道：「那麼，『人』到底意味著什麼？」人究竟有多重要？加上這種去人性化（dehumanization），除去了伴隨著痛苦而來的抑鬱、苦惱及絕望，我們往往能感受到，「我們有多重要」這個與人類存在有關的問題，它的答案是「不太重要」。

然而，我對那些受苦的人所說的，則是完全相反。正在經受痛苦的人應該知道並感受到的（包括所有人都應該如此），可以用亞伯拉罕帶給這個世界的真理來概括：你很重要。

你的痛苦，證明了你可以更在乎自己的重要性。痛苦讓你有權利好好照顧自己，痛苦懇求你去平衡生活，痛苦邀請你做出改變，這個偉大的解放者不同於亞伯拉罕之前的異教徒，他宣告我們毋須成為昨日的奴隸。痛苦可以喚醒並提醒我們，我們是自由的，而這個自由之身的所有作為都非常重要。

從痛苦而生的自由，能做些什麼？問大多數人，他們生命中第一重要與第二重要的是什麼，幾乎總會得到相同的答案：家庭與工作。要等你問到第三重要的是什麼，你才能開始真正去評估對方。你生命中第三重要的是什麼，你會引以為傲嗎？會感到振奮、有意義嗎？還是，你的答案是吃喝玩樂、節食、喝酒、抽菸、血拼或瘋狂追劇？想像一下，如果你正在受苦，那麼，第三重要的事項會更改嗎？會往前調動嗎？你會因此對其他苦難者更有同情心嗎？你會對你自己、你的身體、你的心靈更有同情心嗎？你會以新姿態去擁抱生命以及你所愛的人嗎？

「你是誰，以及你對他人的意義，都是痛苦教會我們的事，這是地球上最先進的機器人所望塵莫及的。」

痛苦教會我們許多事，其中最重要的是，它教會我們為這個用機器人來偽裝同理心的世界帶來愛與意義。讓你的痛苦每天提醒你，你很重要，而且每個曾經或正在經受痛苦的人（這也意味著全世界的每個人）也都很重要。對你的家人來說，你很重要，因為他們愛你，而且他們永遠愛你。你很重要，因為你是這個地球上獨一無二的，沒有任何人像你；這意味著，你有一種獨特的方式去付出愛、去教導、去帶領、去接觸以及去照顧其他人，不管過去、現在或未來，這是誰都無法取代的。

容我再說一次，你很重要。因為你是以一種不同於地球上其他人的方式被創造出來的；你是獨一無二的。你的痛苦、創傷、傷疤以及弱點，會使你以新的方式變得更慈悲、更強大、更溫柔，也更有智慧，並以一種與眾不同的方式去展現你獨有的美麗。你是誰，以及你對他人的意義，都是痛苦教會我們的事，這是地球上最先進的機器人所望塵莫及的。當你走出地獄時，不該空手而回；別辜負了你經受的痛苦。你很重要，活出你的重要性。

自我調整與修復

我們有個水壺，我們讓它漏水；不修理它，讓它越來越糟。我們一個禮拜沒有茶可以喝……壺底已經飛到外太空了。

——吉卜林（Rudyard Kipling）

我母親盡力裝作不刻意地提起，但她說的話還是充滿苦澀：「史蒂芬，親愛的，現在你爸住進了安養中心，我們鎮上的房子也賣掉了，在我把東西送出去之前，你應該去地下室把你想要的東西拿走。」

我父親不是一個物質主義者，幾乎一輩子都在為錢煩惱，鮮少購買非必要的東西，在他做生意之後，還節省到重複使用牙線——又沒壞，幹嘛要丟掉？甚至把用過的茶包放在餐巾紙裡，然後從襯衫口袋掏出來，跟女服務生說：「請給我一杯熱水就好。」

所以，一個物質需求這麼低的人，會在地下室留下什麼東西？他的釣具箱還在，仍然裝著誘餌、鉛錘、前導線、魚鉤、浮標。當我還是個小男孩時，在難得的星期天，父親會帶著我跟小弟格雷在湖上泛舟釣藍鰓魚。年輕的他曬得黝黑，划起船來就像是全世界最強壯的男人。但是，我會想要他的釣具箱嗎？我要拿來幹嘛呢？洛杉磯已經找不到藍鰓魚了。

架子上放著一疊保暖的長內衣，那是父親在明尼蘇達州的萊德兄弟金屬公司（Leder Brothers Metal）冷天外出工作時穿的。我還記得他是在廢棄物堆積場工作，除了噪音、髒污，夏天還熱得要死，冬天則會凍死人。即便氣溫在零度以下，也經常一連工作好幾天，處理大綑大綑的鋁絲與銅條，然後帶著凍傷的手指與腳趾回家。我還記得他在晚餐前泡在浴缸裡，試著讓自己解凍，讓身體暖和起來。

我父母高中沒畢業，十七、十八歲早早結了婚，逃離暴力的父母身邊。我父母完全不懂孩子喜歡被裹在被褥裡送上床，喜歡有人讀床邊故事，喜歡擁有自己的玩具，或希望有人問起在學校過得如何，即便這樣，他們在三十歲之前就已經生養了五個孩子。

父親常常把我弄哭。他的規定嚴格如軍隊紀律，懲罰往往迅雷不及掩耳。他認為一個人最糟的，就是變成騙子。但是，父親的強悍、堅韌，讓他在廢棄物堆積場堅持了下來，供五個孩子上大學，並撐持了另一個家庭（他們逃離社會主義國家，父親從智利把他們帶回來，其中四個人搬進來跟我們擠在只有三間臥室的房子裡，另外四個人搬到下一個街區的兩棟房子，跟莫特叔叔及他們的三個家人同住）。

不論多髒、多冷、多困難，父親總有辦法一關一關度過，不只是工作方面。他是個藍領，又活在一個鄙視黑人及同性戀的世界，但這並不能封閉他的思想與視野，他曾堅定地陪著我同性戀的兄弟走紅毯。但話說回來，我拿他那一疊長內衣，能在洛杉磯做什麼呢？

接著，我看到後面的五斗櫃，把手已經壞掉了。裡頭裝著我父親的工具，老舊、生鏽、布滿油污，比我的童年記憶還要老。另一波回憶湧現：週末與夏日，我們父子兩人窩在幾間屋子裡修理東西，那幾間屋子是父親用工作多年好不容易存下來的錢買的。看到那個五斗櫃，彷彿我又坐上了父親那輛髒兮兮的灰色小車子，行李箱中裝滿了老舊工具及通水管的吸把。

當父親開著車在明尼亞波利斯幫人修理東西時，我就坐在副駕駛座上。在開始對付漏水的水龍頭、卡住的門、堵塞的排水管之前，我們早上會先在Town Talk Diner餐館吃煎餅，午餐會在拿坡里咖啡廳吃筆管麵和肉丸子。我是無所不能的小幫手，父親會說：「把鉗子遞給我；把鐵鎚給我拿來；就在那裡，抓著捲尺別動。」

事實上，父親並不擅長修東西，我也是。但莫名的，最後東西總能順利拼湊起來，修補到足以繼續再用的程度，而不必麻煩專業人士出手。在這些東修西補的過程中，我也學會了某些小訣竅。比方說，把螺絲鎖進木頭之前，先用蠟燭把螺紋刮一刮，裹上蠟後，鎖螺絲會更容易一些，既保護了木頭，也保護了我的手腕。父親不會隨便丟東西，只要他能自己修理就會盡量修到好（如果過程中沒有人受傷，那就更好了）。

我從五斗櫃中拿了三樣工具，打算帶回洛杉磯。我從地下室往樓上走，邊走邊擦眼淚。「就這些嗎？」母親問我。「對，我只要這些。」

這些工具喚起了我幾十年前的記憶。對我來說，父親所用的捲尺及粉筆線捲筒是一種實體隱喻，在我小時候教導我，在我成年後提醒我，要做個單純直率的人，以事物本來的模樣來衡量它們——按照我父親說的意第緒語，就是「不胡言亂語（*no mishegas*），不耍花招（*schticklach*）」。還有一支上面刻有亞倫名字的扳手，讓我想起父親跟我兒子亞倫在廚房地板上一起玩五金店遊戲的情形。

首先，父親會在地板上鋪一條毛巾，然後跟亞倫一起準備開店，把每樣工具從五斗櫃中取出來，在毛巾上一字排開。然後由我父親假裝顧客，亞倫是店員。

「這個叫什麼？做什麼用的啊？」他會這樣問那個滿臉雀斑的五歲小孫子。

「這是鐵鎚，可以把釘子釘進木頭，爺爺。」

「這把鐵鎚賣多少錢啊？」

「五塊錢，爺爺。」

「喔，太貴了。」

最後，價格談定，鐵鎚成交了，輪到螺絲起子。

有一天，父親假裝要跟亞倫買這把扳手，他告訴亞倫，他要把扳手送給他當禮物。父親拿出他的雕刻工具，當著一臉吃驚的孫子面前，在扳手上刻下「亞倫」的名字，這筆交易就敲定了。

「許多人都不再修理東西了。」

現在，我父親的記憶與健康都不復存在了，他安靜地靠睡在安養中心的輪椅上，穿著尿布，繫著圍兜；他已經不知道我的名字了。他手中的工作已然完成，現在，他的這些工具轉交給了我和亞倫。

許多人都不再修理東西了。烤麵包機、果汁機、折疊椅壞掉時，我們會聳聳肩丟掉，再去亞馬遜網路商店買個新的，還能直接送到家門口。我們從新聞、報紙或高速公路出口匝道所看到的，只會令人喪失信心，我們停下來、看一看、聳聳肩，然後繼續往前走。有人傷了我們的感情；我們不再打電話，不再付出關心。我們只是聳聳肩，繼續過自己的日子。

痛苦最好也最有用的一面，就是迫使我們往內看，看見自己的缺點、弱點，以及不加節制和失德的隱密罪行……然後呢？難道又是聳聳肩，把日子照常過下去嗎？我們的先祖輩連一段用過的牙線都捨不得丟掉，身為子女、孫子女或曾孫子女的我們，卻動不動就這個不要、那個不要，想拿去修復的東西少之又少。

我們能否更加善用父母、祖父母、先知、聖歌作者及智者留給我們的工具呢？我們能否更懂得使用道歉與寬恕、謙卑與良善這一類的工具呢？痛苦要教我們的，正是這些能夠修復並拯救生命及靈魂的工具。

痛苦是邀請，邀請我們去修復自己以及這世上被破壞的東西，不胡言亂語，不要花招。許下一個坦率真誠、審慎、堅定不移的承諾，努力讓自己變得更好，而不只是比較好。痛苦是挑戰，要求我們有勇氣把手伸進傷害我們、破碎不堪的家庭、城市、國家以及自己的淤泥中，這些地方藏污納垢已久；也要求我們做出承諾，不畏在嚴冬酷暑中磨出水泡及進行修復——而不是丟棄他、她、它或我們自己，然後聳聳肩，無所謂地照常過日子。

許多人往往會在經受痛苦時做出承諾，承諾永遠不再酒後開車，承諾不再對配偶不忠或欺騙生意夥伴，承諾不再將家人或朋友的愛視為理所當然，或是承諾要好好照顧自己的身體，要變得更良善、更活在當下、更仁慈慷慨。但是一旦痛苦消失，承諾就會隨之煙消雲散。假如你不打算恪守承諾，假如你只是在面對痛苦時假裝會去修復任何破損……那麼你就是騙子，而你的痛苦只會讓你產生更多的痛苦。

相反的，如果你認真看待痛苦給你的教導與功課，運用前人留下來的工具，善用你的自由、財富、時間、心靈與靈魂的種種恩賜，去修復被破壞的任何東西，那麼，當你走出痛苦時就不會空手而回，你終將行經黑暗的幽谷，沐浴在智慧之光下，過著更美好的生活。利用你的痛苦去進行修復，別拖延，別等待。

想想學者詹姆斯・威爾遜（James Q. Wilson）與喬治・凱林（George L. Kelling）

提出的一個犯罪學理論——破窗效應。兩人觀察麻州北安普頓（Northampton）的一棟廢棄醫院後發現，當建築物的破損窗戶沒有及時修復時，就會促使破壞公物的人再多打破幾扇窗戶，最後甚至闖入建築物內。一旦發現真的沒人管理，就會在未經允許下在那裡居住了下來或縱火，把建築物破壞到無法修復的地步。相反的，如果能在一開始出現損壞跡象時就迅速加以修復，就可以預防許多日後的痛苦與損失，避免走到無法回頭的地步。

我當然知道，並不是每一件破損的東西都能夠被修復。我也知道冰凍三尺並非一日之寒，有些失衡或失能的家庭可能已經積重難返，沒有人能夠拯救得了他們。我同樣知道，有些變質或失去的友誼無法挽回，有些背叛永遠過不了心裡那一關，有些根深柢固的社會問題無法被根除，有些身體上或靈魂上的傷痛無法被徹底修補而痊癒。

然而，我也確實看過許多非常令人吃驚的修復工作。從小被母親剝奪愛的沮喪女兒，長大後成了慈愛的母親，沒有讓她的孩子受到半點她自己在童年時所感受到的痛苦。在專制父親陰影下成長的兒子，會在晚上幫自己的孩子蓋被子、溫言哄他們入睡，心靈平靜地過著和樂融融的家庭生活。愛惹麻煩的孩子終於步入正軌，因為她有個特別的老師不允許她放棄自己。成癮者在走過戒癮十二步驟後，無懼地盤點自己品行上的強項與弱點，勇敢地修復曾經被破壞得面目全非的人生；他遵守承諾並計算自己保持清醒的日子，相信自己有能力以誠信去改變、去療癒、去生活，以及重新去愛；而且，也打從心底願意去了解、尊重及臣服一種遠比人類更偉大的至高力量。

美國女作家安・拉莫特（Anne Lamott）曾經說過：「好玩的是，我小時候，總是想像大人心裡有某種工具箱，裡頭裝滿了閃閃發亮的工具：洞察的鋸子、智慧之鎚、耐心的砂紙。但等我長大後，我才發現生命給你的，全都是鏽跡斑斑、歪歪扭扭、老舊不堪的工具（比如友誼、禱告、良心及誠實），然後再跟你說，盡你所能好好去使用這些工具，它們都能完成使命。而大多數情況下，克服所有難關，有這些工具就夠了。」

我的工具髒污、磨損、不完美，蝕刻著艱辛、工作狂及恐懼的記憶，是一位雖不完美但我十分想念的父親留給我的。他始終努力地去修復任何可以修復的東西，是一個用坦率與真實來衡量品格的男人，不胡言亂語，不耍花招，從來不曾漫不經心地放棄任何一個孩子、家人，或甚至是一個用過的茶包。

痛苦召喚我們重新去評估及審視自己，然後再採取行動。我們知道自己該做什麼：拿起電話、走過戒癮十二步驟、主動道歉與付出愛。願我們的痛苦轉化為一個承諾，讓我們堅持以被賦予的不完美工具，持續去修復所有受損或毀壞的東西。這些工具是傷痛帶給我們的禮物，得來不易，彌足珍貴，足以修復我們破碎的靈魂，以及這世上所有遭到破壞的一切。

傷痛，不會折損你的美麗

唯有徹底經歷痛苦，才能得到療癒。

——馬塞爾．普魯斯特（Marcel Proust）

在卡內基音樂廳，小提琴家伊扎克．帕爾曼（Yitzhak Perlman）馬上就要演奏一首協奏曲，就在琴弓碰到琴弦之際，有一條琴弦突然斷了。帕爾曼不為所動地演奏完整首曲子，完全改變指法，一個音符都沒有漏掉，也沒有錯彈一拍。一演奏完，全場觀眾起立鼓掌，熱烈的掌聲良久方休。

帕爾曼小時候罹患了小兒麻痺症，靠著腿上的支架及拐杖幫助行走。對於觀眾的熱烈掌聲，他的回應是讓觀眾安靜下來，然後只說了一句話：「用僅剩的部分來演奏音樂，是我的工作。」

「美麗的東西完整時美麗，破碎時也美麗。」

我知道你正在受苦，不僅因為你看了這本書，更因為你是凡人。我們都有過創傷，曾經傷害別人，也被別人所傷。我們都經受過某種痛苦，別在走出痛苦時兩手空空，別辜負了你經受的痛苦。不管是你的心或身體有過傷痛，你都能挺住、撐下來，然後療癒並成長。美麗的東西完整時美麗，破碎時也美麗；展翅遨翔的鳥兒吸引你的目光，受傷的麻雀喚起你來自靈魂的深沉共鳴。殘留的痛苦可以演奏音樂，就在這種更溫柔、更有智慧、越來越美好的旋律中高歌起舞吧。

致謝

本書中的許多人名都已改過，倘若沒有這些勇敢的人跟我分享他們的痛苦故事，我就不可能寫這本書。當然，你們都知道書中哪個故事是你們的，為此，我感謝你們。

感謝義大利佛羅倫斯科拉別墅（Villa Cora）的員工和業主，讓我在寫本書的大部分內容時，有一個美麗、安靜的所在得以不受干擾地工作；感謝我們親愛的朋友Donatella、Fabio及Barbara，使我們能在那裡安頓下來。感謝Andy及Dahlia允許我在他們可愛島（Kauai）的寧靜住宅，完成這本書的初稿。感謝Brandy Ledford、

Cathy Sandrich Gelfond 幫我過目早期版本的手稿，並鼓勵我繼續前進。

我要感謝賀屋（Hay House）出版社的工作人員與我的經紀人 Rebecca Friedman 注意到我，並相信本書的潛力。還要感謝以下人士：我的編輯 Patty Gift，對我來說，她是名副其實的禮物；Anne Barthel，幫我找到本書的調性；以及我的文字編輯 Rachel Shields，為本書做畫龍點睛的潤飾與改進。

我們的會眾人數非常多，身為拉比，我經常感覺責任重大，但同時也覺得感恩。感謝威爾榭大道聖殿的所有成員，我與他們一起度過三十年學習、失去及充滿愛的美好人生，感謝他們慷慨地與我一起分享他們的故事與生活。同時，我也要感謝聖殿的董事，讓我得以擁有寫作、思考以及成長所需要的時間。

感謝我的家人貝琪、亞倫及漢娜，你們是我的生命，我要獻上我最深的愛。

最後我要說的是，不管什麼時候，痛苦都是我所不樂見的，即便如此，我仍然感謝我所見證並經受的所有痛苦。因為它們讓我的生命每天都有意義，讓我這一生更彌足珍貴……

參考書目

Abani, Chris. “On Humanity.” TED Talk. February 2008. Available at www.ted.com/talks/chris_abani_muses_on_humanity.

Armstrong, Karen. “Let’s Revive the Golden Rule.” TED Talk. July 2009. www.ted.com/talks/karen_armstrong_let_s_revive_ the_golden_rule.

Buettner, Ray. “How Do You Say, I Feel Your Pain.” *Ray’s Musings*. April 25, 2014. Available at www.raybuettner.com/page/14.

Collins, Francis. *The Language of God: A Scientist Presents Evidence for Belief.* New York: Simon and Schuster, 2008.

Elias, Ric. "Three Things I Learned While My Plane Crashed." TED Talk. March 2011. Available at www.ted.com/talks/ric_elias.

Frankl, Viktor E. *Man's Search for Meaning*. Boston: Beacon Press, 2008.

Hazleton, Lesley. "The Doubt Essential to Faith." TED Talk. June 2013. Available at www.ted.com/talks/lesley_hazleton_ the_doubt_essential_to_faith.

Jacobs, A. J. "My Year of Living Biblically." TED Talk. December 2007. Available at www.ted.com/talks/a_j_jacobs_ year_of_Iiving_biblically.

Kramer, Stacey. "The Best Gift I Ever Survived." TED Talk. February 2010. Available at www.ted.com/talks/stacey_kramer_the_best_gift_i_ever_survived.

Lamott, Anne. *Traveling Mercies: Some Thoughts on Faith*. New York: Pantheon, 1999.

Marks, Marlene Adler. "The Strongest Link." *Jewish Journal*. July 19, 2001. Available at http://jewishjournal.com/tag/marlene-adler-marks.

McCullough, David, Jr. Commencement speech at Wellesley High School, Wellesley, MA, June I, 2012. Available at https://theswellesleyreport.com/2012/06/wellesley-high-grads-told-youre-not-special.

PodolnYI Shelley. "If an Algorithm Wrote This, How Would You Even Know?" *The New York Times*. March 7, 2015. Available at www.nytimes.com/2015/03/08/opinion/sunday/if-an-algorithm-wrote-this-how-would-you-even-know.html.

Prager, Dennis. 與 Frank Zindler 在美國無神論者大會上的辯論 , Minneapolis, March 23,2008.

Reilly, Rick. "Comeback Kid." *Sports Illustrated.* September 5, 2005.

Richeimer, Steven, with Kathy Steligo. *Confronting Chronic Pain: A Pain Doctor's Guide to Relief.* Baltimore: Johns Hopkins University Press, 2014.

Seligman, Martin. *Flourish: A Visionary New Understanding of Happiness and Well-being.* New York: Free Press, 2011.

Semel, Mary, and Anne McCracken, eds. *A Broken Heart Still Beats: After Your Child Dies.* Center City, MN: Hazeldon, 1998.

Schultz, Howard. "Blanket Trust." *Hermes* (Columbia Business School alumni magazine), spring 2001: 18-19. Available at www8.gsb.columbia.edu/articles/sites/articles/files/hermes-spring-2001.pdf.

Telushkill, Joseph. *Rebbe: The Life and Teachings of Menachem M. Schneerson, the Most Influential Rabbi in Modern History.* New York: HarperCollins, 2014.

Trice, Laura. “Remember to Say Thank You.” TED Talk. February 2008. Available at www.ted.com/talks/laura_trice_suggests_we_all_say_thank_you.

Turkle, Sherry. “Connected, but Alone? ” TED Talk. February 2012. Available at www.ted.com/talks/sherry_turkle_alone_together.

Wolpe, David. *Why Faith Matters*. HarperCollins, 2008.

Zander, Benjamin. “The Transformative Power of Classical Music.” TED Talk. February 2008. Available at www.ted.com/ talks/benjamin_zander_on_music_and_passion.

國家圖書館出版品預行編目資料

解開傷痛的 20 個超凡智慧：你以為的谷底才是人生真正的開始 / 史蒂芬．萊德作．-- 初版．-- 臺北市：三采文化，2019.08　面；　公分．-- (Mind map；188)
譯自：More beautiful than before：how suffering transforms us
ISBN 978-957-658-191-5(平裝)
1. 生活指導

177.2　　108009320

◎封面圖片提供：
VAlekStudio ／ Shutterstock.com

suncolor 三采文化集團

Mind Map 188

解開傷痛的20個超凡智慧

你以為的谷底才是人生真正的開始

作者｜史蒂芬．萊德（Steve Leder）　譯者｜林資香
企劃主編｜張芳瑜　特約執行主編｜莊雪珠
美術主編｜藍秀婷　封面設計｜藍秀婷　內頁排版｜曾綺惠

發行人｜張輝明　總編輯｜曾雅青　發行所｜三采文化股份有限公司
地址｜台北市內湖區瑞光路 513 巷 33 號 8 樓
傳訊｜TEL:8797-1234　FAX:8797-1688　網址｜www.suncolor.com.tw
郵政劃撥｜帳號：14319060　戶名：三采文化股份有限公司
本版發行｜2019 年 8 月 7 日　定價｜NT$360

suncolor

suncolor